건강을 지켜주는 오감만족

약선음식

지구문화
JIGU CULTURE

우리 몸을 살리고 우리 몸에 약이 되는 음식

색(色), 향(香), 맛(味), 형(形)이 겸비된 약선음식

최근 들어 건강에 대한 관심이 높아지면서 식재료뿐만 아니라 기능성 식품을 이용한 건강식 개발과 조리법에 대한 관심이 커지고 있습니다. 우리 몸을 살리고 우리 몸에 약이 되는 음식인 약선음식은, 유아부터 노인에 이르기까지 질병을 치료하고 예방함으로써 삶의 질을 높여주고 건강한 생활을 영위할 수 있게 하는 가장 대표적인 건강음식으로 주목받고 있습니다.

인간이 음식을 이용해서 질병을 고치고 몸을 이롭게 하려는 시도는 오랜 역사를 가지고 진행되어 왔습니다. 약선(藥膳)이란 약물 '약(藥)' 자에 반찬 '선(膳)' 자를 쓰는데, 약선음식은 음식에 약재를 넣어 기능을 살린 약이 되는 먹거리로 질병의 예방과 치유 및 건강과 장수를 목적으로 하는 음식입니다. 약선음식은 의학과 약학 이론에 기초하여 약재와 약용 가치를 지닌 식재료들을 서로 유기적으로 배합하여 조리해 낸 색(色), 향(香), 맛(味), 형(形)이 겸비된 음식이라 할 수 있습니다.

중국 서주시대에는 궁중에 식의(食醫)가 있어 황제의 음식 · 보건 · 영양을 관리하며 질병을 예방하였고, 춘추전국시대에 이르러서는 음양오행설(陰陽五行說)이 형성되면서 의학과 약선의 발전에 크게 기여하게 되었다고 합니다. 중국 당나라의 명의인 손사막(孫思邈)은 "무릇 병을 치료하고자 하는 이는 먼저 음식으로 치료하고 듣지 아니하면 그 후 약을 쓴다."라고 하였습니다. 음식은 약과는 달리, 인체에 미치는 영향이 크지는 않지만 오랜 시간에 걸쳐 식습관으로 형성되면 약보다 더 인체에 영향을 끼친다고 할 수 있습니다.

우리나라의 경우, 약선에 대한 고문헌으로는 조선시대에 편찬된 한국 최고(最古)의 식이요법서(食餌療法書)라 할 수 있는 <식료찬요(食療纂要)>라는 책이 유일하게 전해오고 있습니다. 세조의 명에 따라 어의(御醫) 전순의(全循義)가 편찬한 이 책은 일상에서 쉽게 구할 수 있는 음식이라도 이치를 알고 처방을 만들어 먹으면 음식으로 질병을 다스릴 수 있다는 내용을 담고 있습니다. 우리나라의 음식 문화는 음식이 곧 약이라는 약식동원(藥食同源), 의식동원(醫食同源)의 철학을 바탕으로 발전해 왔습니다.

이 책은 우리 몸에 약이 되는 약선음식 111종을 선정하여 약선음식에 입문하는 초보자들도 쉽게 따라할 수 있게 만드는 법을 상세하게 서술하고 있습니다.

1부 약선음식 이야기에서는 약선의 정의와 특징, 식품의 성미, 사상체질에 따른 약선, 한약재의 기미(氣味) 및 효능, 음식궁합 등을 다루고 있습니다.

2부 몸에 약이 되는 약선음식 만들기에서는 실험조리와 연구개발을 통해 선별한 111종의 약선음식을 소개하고 있습니다. 이 책을 통해 독자 여러분의 건강과 질병 예방에 도움을 줄 수 있는 색(色), 향(香), 맛(味), 형(形)이 겸비된 약선음식을 만나고 생활 속에서 가까이 하며 조리에 다양하게 응용할 수 있게 되기를 바랍니다.

을미년 가을에

저자 씀

윤 숙 자 이학박사

(사)한국전통음식연구소장 · 떡박물관장
(사)대한민국 전통음식총연합회 회장 역임

1999 제3차 ASEM 식음료공급자문위원회 위원
2005 APEC 정상회담 한국궁중음식특별전 개최
2006~2008 한국음식조리법 표준화 연구개발사업
2007 뉴욕 UN본부 한국음식 페스티벌 주최
2007 남북정상회담 만찬 자문위원(북한방문)
2007 한국농식품수출 기여공로 대통령 훈장 '철탑산업훈장' 수상
2007~2014 전통주와 전통음식의 만남 주최
2007~2010 국외 한식당의 문화적 고품격화 사업(중국, 일본, 홍콩, 베트남, 미국 LA · 뉴욕)
2008 프랑스 파리 Korea Food Festival in UNESCO 운영
2009~2011 영국런던템즈페스티벌 축제운영
2010~2011 한식 StarChef 양성교육
2010~2014 해외 한식당 종사자 교육(미국 LA · 뉴욕, 영국, 동경, 파리, 연변, 인도네시아, 뉴질랜드)
2012~2013 오설록, 차와 음식의 마리아쥬 연구개발 사업
2013 한국전통음식의 DNA와 그 발전적 미래 심포지엄 개최
2013~2014 외식산업전문인력양성교육(한식교강사업그레이드과정, 한식디저트 과정)
2013 서울특별시 문화상(문화산업분야) 수상
2014 한국국제요리경연대회 국무총리상 수상
2014 대한민국한류대상 전통문화대상(한식부문) 수상

이 미 영

세종대학교 대학원 가정학과 졸업(가정학석사)
세종대학교 대학원 생활과학과 졸업(이학박사)
장안대학교 겸임교수
경원대학교 사회교육원 약선식료학 수료
사단법인 한국약선연구원 수료

제 1부.
한방과 약선음식

제 2부.

몸에 약이 되는 약선음식

1. 주식류

2. 찬품류

제1부

한방과 약선음식

1. 약선(藥膳)의 개념과 특징
2. 한방약선(藥膳)의 특징
3. 음양오행설(陰陽五行說)
4. 장상(臟象)
5. 식품의 성미
6. 사상체질과 약선식
7. 보양(補陽)식품
8. 한약재의 기미(氣味) 및 효능
9. 음식궁합

1. 약선(藥膳)의 개념과 특징

1. 약선(藥膳)의 정의

약선 또는 한방음식이란 음식에 한약재를 넣어 기능을 살린 약이 되는 먹거리로 방병치병(防病治病), 보강신(補强身), 항노연년(抗老延年)을 목적으로, 질병의 예방 및 치유와 건강장수를 목적으로 의학과 약학 이론에 기초하여 약재와 어떤 약용 가치를 지닌 식물을 서로 유기적으로 배합하여 조리해낸 색(色), 향(香), 맛(味), 형(形)이 겸비된 음식을 가리킨다. 한약재와 음식재료들을 함께 가공하여 음식물로 늘 먹을 수 있으면서도 병의 예방 · 치료 작용을 하는 음식을 말한다. 또한 이것은 '약식동원(藥食同源 : 의약과 음식의 뿌리는 하나이다)' 이라는 의약의 전통 식료법을 계승 발전시켜 한층 더 이론화 · 계통화 · 과학화하여 만든 하나의 독특한 학문이기도 하다. 더 나아가 약선요법이라 하여 식품의 약리학적 효과를 질병의 보조치료에 응용하는 식이요법과 약선을 총괄하는 의미로 사용하기도 한다.

2. 약선의 기원

인간이 먹거리를 이용해서 질병을 고치려고 시도한 것은 오랜 역사를 가지고 진행되어 왔다. <회남자(淮南子)>에 의하면 신농(神農)씨가 약초의 맛을 보고, 식용 가능한 식품과 약초를 찾아 성미를 알아내며 독이 있는지 없는지를 구별하여 후세에 전함으로써 약선의 기초를 마련했다고 기록되어 있다.

중국 서주시대(西周時代 : 기원전 11~7C경) 궁중에는 식의(食醫)가 있어 황제의 음식 · 보건 · 영양을 관리하며 질병을 예방하였고 춘추전국시대에 이르러서는 철학 · 천문학 · 지리학 · 의약학 등이 발전하게 되었는데, 이때부터 음양오행설이 형성되면서 의학과 약선의 발전에 크게 기여하게 되었다.

그 후 동한시대(東漢時代)에 중국에서 가장 오래된 문헌이 완성되었는데 동양의학의 경전인 <황제내경(皇帝內經)>이 나왔다. 지금의 한방의학 기초이론을 문답형식으로 기술한 책으로 약선에 관한 내용도 많이 나오며, 그 중 약선양생(藥膳養生)과 약선치료(藥膳治療)에 대한 기초적인 내용을 기록한 <소문편(素問篇)>의 장기법 치료에서는 독약공사(毒藥攻邪), 오곡위양(五穀爲養), 오과위조(五果爲助), 오축위익(五畜爲益), 오채위충(五彩爲充)이라 하여 독약이 사기를 공격하면 다섯 가지 곡식, 다섯 가지 과일, 다섯 가지 가축, 다섯 가지 채소 등이 인체에 도움을 주는 약선 재료임을 설명하고 있다. 또한 오미(五味)는 음식의 맛이 주가 되는 것으로 한 가지 맛이 성하면 안 되며 서로 조화를 이뤄야 한다고 기록되어 있다.

당(唐)과 송(宋)나라 시대에 이르러 약선은 눈부시게 발전하여 수많은 음식에 응용이 되었으며, 약선학의 이론적 토대가 마련되었다.

당나라 정부에서 발행한 약물전문서적인 <신수본초(新修本草)>는 약선 전문서적은 아니지만 약선에 쓰이는 동물, 어류, 과일, 채소, 쌀 등의 효능이 자세히 기록되어 있다. 또한 이 시대 유명한 명의(名醫)인 손사막은 <천금요방(千金要方)>에서 "무릇 의사는 반드시 병의 원인을 찾아 음식으로써 먼저 치료한 후 음식 치료로 효과가 없으면 약으로 치료해야 한다."라고 할 정도로 식료를 중요하게 여겼으며, 손사막의 제자인 맹선(孟詵)은 천금요방의 식치(食治)를 기초로 약이 되는 식품 227종과 약선처방(藥膳處方) 등을 실은 중국 현존 최초의 식물요법 전문서인<식료본초(食療本草)>라는 책을 편찬하였는데, 금 · 원 시대(金 · 元時代)에는 더욱 약선이 발전하여 원나라 조정의 음선태의(飮膳太醫)인 홀사혜(忽思慧)가 쓴 <음선정요(飮膳正要)>에는 일상

생활에서 자주 접하는 고기 · 과일 · 채소 등의 합리적인 배합방법과 여러 효능이 있는 약재를 적절히 첨가하여 인체를 건강하게 만들며 질병을 예방하고 치료하는 방법과 음식의 조리법까지 비교적 상세히 소개하고 있다. 명(明)나라 때의 약학자 '이시진(李時珍)'은 세계적인 약학 전문서 <본초강목(本草綱目)>에 1,982종의 약재를 기술하였다. 그 중 곡류 · 채소류 · 과일류 300가지, 패류 · 수조육류 400가지 이상을 기술하여 많은 약선식료를 소개하였고 치료에 도움이 되는 약죽 42가지, 약술 75종에 대해서도 기술하였다.

1900년대 이후에는 현대 식료의 발전에 따라 많은 저서들이 편찬되었는데 1932년 '장증자'의 <식물치병신서(食物治病新書)>, 1937년 '양지일'의 <식물료병상식(食物療病常識)> 등의 저서는 중국 전통 식료를 더욱 발전시킨 책이라고 할 수 있다. 그 밖에도 현재까지 다 열거할 수 없을 정도의 수천 권의 전문 서적들이 있다.

한편 우리나라의 경우는 본초 서적 중에 그 효능이 기록되어 있는데 본초의 역사는 고구려 때 전래된 것으로 알려져 있으며, 조선 초기에 이르러서는 세종 때 <향약집성방(鄕藥集成方)> <의방류취(醫方類聚)>를 편찬하였다. 조선 중기에는 허준이 선조의 명을 받아 중국과 우리나라의 의학서적을 하나로 모아 편집에 착수하여 광해군 3년(1611년)에 완성하고 광해군 5년(1613년)에 간행한 의학서적인 <동의보감(東醫寶鑑)>을 저술하여 한의학 발전의 기틀을 마련하였고, 그 중 '<탕액편(湯液篇)>'에는 한약을 비롯한 음식의 성미 · 효능 · 주치에 대한 분류가 정리되어 있다.

3. 약선의 특징

(1) 약식동원(藥食同原)

우리나라에서는 수천 년 약선의 역사에서 우리의 식생활 습관과 체질에 맞게 한약재를 사용하지만 특히 식물의 꽃이나 잎, 씨앗, 줄기, 뿌리에 기원을 둔 것이 많다. 한의학의 약학 분야를 본초학(本草學)이라 하는 것도 그 때문이다. 우리 조상들은 흔히 볼 수 있는 식품을 약재와 함께 써서 몸에 좋은 음식으로 완성하는 한방음식들을 만들어 왔다. 약선 제조 시에는 요리를 만들 때 갖추어야 하는 색(色), 향(香), 맛(味), 형(形) 외에 약선의 영양성분과 질병치유의 특수 효능에도 주의하여, 식차약력(食借藥力), 약조식위(藥助食威 : 음식은 약재의 힘을 빌리고, 약재는 음식의 효능을 돕는다)의 효과를 충분히 살리는 것이 중요하다. 즉, 약선음식은 병을 치료하기 위해 특별히 준비되는 음식이다.

건강 음식으로 통하는 약선음식은 좋은 음식을 꾸준히 먹음으로써 몸속의 병을 서서히 치료하며, 증상에 맞고 입맛에 맞는다면 남녀노소가 같이 즐겨도 좋다고 한다.

약재와 식재는 약식동원 이론에 근거하여 모두 한(寒) · 열(熱) · 온(溫) · 량(凉)의 사기(四氣)와 산(酸) · 고(苦) · 감(甘) · 신(辛) · 함(鹹)의 오미(五味)를 가지고 있다. 약선을 제작할 때 반드시 '변증시선(辨症施膳 : 증상에 맞게 음식을 만든다)' 하여 약선의 효능을 생각하는 동시에 음식의 맛도 고려하여 만든다.

보비위(補脾胃)와 익폐신(益肺腎)의 효능이 있는 '회산육마원(淮山肉麻圓)'을 예로 들면, 적당히 달고 짜며 또한 참깨를 곁들여 비위(脾胃)에 좋을 뿐 아니라 고소한 맛까지 증가시켰다.

(2) 탕 또는 찜 등의 조리법 발달

약선 제작시의 특징을 살펴보면 탕 또는 찜 등의 조리법이 발달하였다. 이런 방법은 주로 약재의 탕제(湯劑)를 변화시킨 것으로, 약재의 유효 성분을 탕 속에 충분히 우려내기 때문이다. 한 예로 중국음식 중에 설화계탕(雪花鷄湯), 팔보계탕(八寶鷄湯), 십전대보탕(十全大補湯) 등이 있다.

약선은 첫째로 돈(燉 : 액체를 천천히 데우고 뜨겁게 하여 식품을 약한 불에서 끓이는 방법), 외(煨 : 불을 약하게 하여 은근히 오래 삶는 방법), 증(蒸 : 찌는 방법) 등의 조리법을 많이 사용한다. 이런 방법은 약재를 오랜 시간 가열하여 최대한으로 유효성분을 우려내는 것으로, 자보약(滋補藥)의 대부분이 달고(甘), 따뜻하고(溫), 고른(平) 성질이 많으므로 비교적 오래 달일 수 있기 때문이다.

둘째로 보통 원료 본연의 신선한 맛을 중시 여긴다. 조미료를 사용해 그 본래의 맛을 억누르는 것은 좋지 않으며 이 점이 바로 성미(性味)와 효능이 일치하는 출발점이다. 약선음식 연구가들은 "음식 중 소금기가 전혀 없고 향신료 없이 먹을 수 있는 밥이 약선음식에도 기본이 되어야 한다."며 "채소는 가능한 생것으로 먹되 오래 씹고, 찌개는 맑고 하얗게, 밑반찬은 싱겁게 만들어 먹으라."고 조언한다. 또한 "건강을 위해 고기와 생선은 자주 먹지 말고, 자기 몸에 맞는 약재로 끓인 물을 자주 마시도록 하는 게 약선음식의 원칙"이라고 덧붙였다.

그러나 반드시 조미를 해야 하는 것은 대부분 상차리기 전에 소금 · 후추 · 참기름 등을 사용해 적당하게 간을 하며 본래부터 나쁜 맛을 지닌 약재와 식재의 경우, "예를 들면 자라 · 거북 · 생선 · 소 · 양 · 사슴고기 등은 생강과 파를 넣어 나쁜 맛을 없애주고, 해삼과 제비집같이 원료 자체의 맛이 담백한 것은 반드시 조미를 해야 한다."라고 말한다.

(3) 다양한 응용

약선은 직접 작용하기보다는 우리 몸의 음양기혈(陰陽氣血)을 조절함으로써 정기를 북돋우며 사기(邪氣)를 제거하여 치료를 하는 것이다, 따라서 약선은 질병을 치료하고 예방함으로써 유아부터 노인에 이르기까지 여러 면에서 효과를 기대할 수 있어 삶의 질을 높여주고 건강한 생활을 영위할 수 있게 응용되어 왔다.

2. 한방약선(韓方藥膳)의 특징

한방약선은 한의학 이론을 기초로 발전되어 왔으며 그 특징으로 정기(精氣)와 음양학설(陰陽學說), 변증론치(辨證論治)를 들 수 있으며 음식 상호간의 조화도 중요하다.

1. 정기(精氣)와 음양학설(陰陽學說)

정기(精氣)라는 것은 우주 만물을 구성하고 인류를 구성하는 본원(本源)이며 발전 · 변화하는 정미한 물질이다. 자연계의 우주 만물은 물에 의존하고 땅의 자육(慈育)에 의해서 성장 · 변화한다. 따라서 물과 땅을 만물 생성의 본원이라고 여겼으며, 이런 자연계의 물을 천지의 정(精)이라 하였고 만물로 성장 발육하는 근원이라 하였다. 장부에 저장되어 있는 액체상태의 정화물질(精華物質)은 인체를 구성하고 생명활동을 유지하는 기본 물질을 말하는데, 부모로부터 물려받은 선천적인 정기와 매일 먹는 음식을 통해 얻은 후천적인 정기로 나눈다.

이런 사상을 인체와 결부해 보면 사람은 모두 각자 타고난 모양이나 성격 등 특징이 있는데, 이것을 각자의 정기(精氣)라 한다. 정기는 부모로부터 받은 선천적인 정기와 우리가 태어나서 섭생을 통해 얻는 후천적인 정기로 나누는데, 선천적인 정기는 신장이 주관하고 후천적 정기는 비장(脾臟)이 주관한다. 예를 들어 태어나면서부터 허약한 체질은 선천적으로 정기가 부족한 것으로 신장의 정기를 보충해 준다. 이처럼 각각 다른 장기들 간에도 정기가 있으며 인체의 각 장부와 형체(形體) 등도 정기와 밀접한 관계가 있으므로 장부와 기관과의 유기적 정체관념(整體觀念)을 가지고 판단해야 한다. 또한 동양의학에서는 각 장부는 장부대로 기관은 기관대로의 독특한 역할과 기능은 모두 정기로부터 오는 것이기에 인체의 변화나 병변(病變)을 파악하는데 활용하여 체질을 판단하고 변증(辨證)을 하는데 응용한다. 한방식이요법학(韓方食餌療法學)도 이러한 정체관에 따라 음식을 섭취하는 활동이 유기적인 인체의 생리와 병리에 영향을 미칠 뿐 아니라 인체와 자연의 관계를 형성하게 하는 것이라는 기초이론과 특징을 가지고 있다.

이외에 한의학 이론체계에서 기본을 이루는 것은 상대적인 개념인데 이것이 바로 음양학설(陰陽學說)이다. 음양학설은 동양 고대의 철학 이론으로 중국 춘추전국시대에 성행하기 시작하였는데, 이때는 한의학 이론체계가 형성되기 시작하였던 시기로 음양학설을 도입하여 인체의 생리작용과 병리상태를 설명하고 병증과 체질을 분석하여 식이요법에 대한 경험을 축적하였다. 인체의 병리적 상태는 정상적인 음양의 대립과 통일의 균형이 파괴되어 음(陰)과 양(陽) 중 어느 하나가 한쪽으로 치우치거나 쇠하게 되는 결과이다.

이러한 변화는 사기(邪氣)의 성질에 따라 음양의 기(氣)가 손상되는 증상이 있다. 예를 들면 차가운 음식을 많이 먹거나 한사(寒邪)를 받게 되면 인체에서는 복통, 설사, 수족냉증, 식욕부진, 따뜻한 것을 좋아하는 등의 음(陰)이 성하고 양(陽)이 쇠한 증상을 나타낸다. 반면 뜨거운 음식을 많이 먹거나 열사(熱邪)를 받으면 얼굴이 붉어지고, 목이 마르며, 찬물을 마시고 싶어하고, 속이 쓰리면서 아프고, 소변은 노랗게 되며, 설태(舌苔)는 홍색으로 나타나는 등의 양(陽)이 성하고 음(陰)이 손상된 현상이 나타난다. 이처럼 인체의 정상적인 생리활동은 음양이 평형을 이룬 상태이고, 병리변화는 음양의 평형이 조화나 균형을 잃은 상태로 한방 약선에서는 음양을 조절하여 평형을 유지하도록 하는 것이 근본 목적이다.

2. 변증론치(辨證論治)

동양의학에서 질병을 인식하고 처리하는 기본원칙이며 한의학 치료의 정수라 할 수 있는 것이 변증론치(辨證論治)다. 변증(辨證)은 사진(四診), 즉 망(望)·문(問)·문(聞)·절(切)을 통해 증상과 체질 또는 질병과 관련된 자료를 수집하여 한방의학 이론에 근거하여 분석하고 종합하여 질병의 원인, 성질, 부위 및 발전 방향을 구별하여 증후(症候)를 판단하는 것이다. 논치(論治)는 변증을 통해 진단을 하고 나서 거기에 적합한 치료원칙과 방법을 세워 치료수단과 처리방법을 정하는 것을 말한다. 이 원칙은 한의학의 다양한 치료술에 모두 적용되고 있으며, 식이요법에서도 마찬가지이다. 한방식이요법에서는 음식으로 질병을 치료함에 있어 변증시식(辨證施食)의 원칙에 따르기 때문에 동병이치(同病異治)와 이병동치(異病同治)를 고려해야 한다.

동병이치 (同病異治)	같은 종류의 질병이라도 발병시간, 지역 그리고 각자의 면역기능이나 병에 걸린 기간에 따라 병의 단계가 다르다. 따라서 같은 병이라도 증(症)이 다르면 치료방법은 달라져야 한다는 뜻이다.
이병동치 (異病同治)	질병이 다를지라도 발전·변화 과정 중 증(症)이 같으면 동일한 약성으로 치료하는 것을 말한다.

이외에도 실제 경험으로 우수한 효과가 있는 식이요법, 예를 들면 총백(葱白)은 풍한(風寒)을 제거하고, 마치현(馬齒莧)은 이질을 치료하며, 잉어나 적소두(赤小豆)는 몸이 잘 붓고 소변 양이 적고 시원찮을 때 시원하게 풀어 주는 작용을 한다는 내용들이 연구되어 있어 이런 예들이 실제 활용될 수 있는 식이요법(食餌療法) 원칙들을 숙지하여야 한다.

3. 오방색과 음식의 조화

우리나라에 음양오행 사상이 전래된 이래 일상생활의 색채 활용은 오방색이 지배적이었다. 음양오행 사상은 모든 사물의 현상은 음(陰)과 양(陽)으로 이루어져 이 두 종류의 기(氣)가 상호 작용하는 과정에서 우주의 기초를 이루는 목(木), 화(火), 토(土), 금(金), 수(水)가 생기고 그것들이 조화를 이루어 천지만물이 생겨난 것이라는 사상이다.

음식의 맛과 색상에서도 음양오행의 원리가 자리 잡고 있다. 맛에서도 오미(五味)라 하여 辛(매운맛), 甘(단맛), 酸(신맛), 鹽(짠맛), 苦(쓴맛)이 오방색과 조화를 이루고 있다. 오방색은 청(靑), 백(白), 적(赤), 흑(黑), 황(黃)으로 이것을 섭취하면 인체의 오장(五臟 : 간, 심장, 비, 폐장, 신장)의 기능을 돕고 건강을 유지하는 역할을 하며 음양의 조화가 깨지면 병에 걸리게 된다는 원리이다.

색(色)	장기	식재료
푸른색(靑)	간장	청고추, 미나리, 시금치 오이, 호박 쑥, 파, 모시잎, 파래
붉은색(赤)	심장	홍고추, 실고추, 대추, 팥, 오미자, 지초뿌리, 당근
노란색(黃)	비장	달걀노른자, 호박, 치자, 귤껍질, 유자껍질
흰색(白)	폐	달걀흰자, 도라지, 숙주, 밤, 무, 감자, 배, 양파
검은색(黑)	신장	검은깨, 검은콩, 검은쌀, 김, 석이버섯, 표고버섯, 다시마, 미역

김치는 청, 적, 백, 흑, 황의 오방색이 모두 포함되어 있는 대표적인 전통음식으로 오장(五臟)을 평안하게 해준다. 김치의 통배추는 흰색으로 금(金)을, 고추는 붉은색으로 화(火)를, 갓 · 파 · 미나리는 푸른색으로 목(木)을, 생강은 노란색으로 토(土)를, 젓갈은 검은색으로 수(水)를 나타내어 음양오행이 들어가 있다. 또한 동치미 김

치는 흰색의 국물, 붉은 고추, 푸른 고추, 희고 푸른 파, 하얀 무, 노란 생강, 검은 청각 등 오색이 어우러진 김치이다. 김치는 맛에서도 맵고(辛), 달고(甘), 시고(酸), 짜고(鹹), 쓴(苦) 오미(五味)를 갖추고 있는데, 유산 발효식품으로 독특한 신맛이 있다. 여기에 고추의 매운맛, 양념과 고추 자체의 단맛, 소금의 짠맛, 여러 가지 채소들의 쓴맛이 어우러져 오행(五行)의 조화를 이루고 오묘한 맛을 가지게 되는 것이다. 이러한 김치 특유의 맛은 식품 자체가 갖는 영양의 우수성을 알 수 있고, 우리 민족의 합리적이고 지혜로움이 돋보이는 세계적인 훌륭한 음식이다.

신선로는 산해진미(山海珍味)를 모두 담아 끓여 여러 가지 맛과 영양소가 함께 섭취될 수 있는 전골의 하나로 입을 즐겁게 해준다고 하여 열구자탕(悅口子湯) 또는 구자(口子)라고 한다. 신선로는 화통이 붙어 있는 냄비를 이르는데 이 신선로 틀에 삶은 고기와 육회, 흰살생선, 천엽, 해삼, 버섯과 전유어를 돌려 담고 각종 고명을 웃기로 얹고 장국을 부어서 상에서 끓이면서 먹는 음식이다. 신선로는 우리 고유 음식 가운데 가장 잘 알려진 음식으로 특이한 그릇과 재료의 다양성과 풍부한 영양 등이 뛰어난 자랑할 만한 음식이다. 신선로는 여러 가지 색의 전을 같은 크기의 골패 모양으로 만들어 돌려가면서 담는데 생선전, 미나리초대, 고기전, 석이지단, 황백지단, 붉은 고추 등으로 푸른색, 붉은색, 노란색, 흰색, 검은색의 오방색(五方色)을 맞춘다.

다식(茶食)은 예로부터 오색의 아름다운 빛깔로 잔칫상을 장식해 왔으며, 그 색상만으로도 일상의 음식과 충분히 구별되어 무병장수의 기원과 함께 경사스러움을 나타내었다. 다식을 만들 때는 한 가지만 만들지 않고 적어도 삼색 이상 마련하여 함께 어울려 담는다. 흰색의 녹말다식, 분홍색의 오미자다식, 노란색의 송화다식, 푸른색의 승검초나 청태다식 그리고 검정색의 흑임자다식을 마련하여 오색(五色)을 이루게 하고 색상과 함께 다양한 맛을 즐길 수 있게 하였다. 이렇게 오색의 조화는 시각적인 것을 넘어 맛으로도 이어진다.

3. 음양오행설(陰陽五行說)

1. 음양(陰陽)

음양은 자연계와 서로 연관되면서 대립된 사물 혹은 현상의 속성을 말하는 것으로 하나에서 시작된 두 개로, 우주에 존재하는 사물은 모두가 이 두 가지의 속성을 가지고 서로 의존하면서 대립하고 교감하면서 제약하고 서로 전환하고 평형을 이루게 된다. 남과 여, 추위와 더위, 빠름과 느림 같은 (+)와 (−)적인 요소들을 모두 음과 양, 두 그룹으로 나눠서 생각할 수 있다. 즉 음과 양은 사물의 대립된 성질로 이해할 수 있다. 음양설은 이 세상의 모든 사물과 현상에는 서로 대립되는 음과 양의 양면이 있는데 이것은 고정된 것이 아니라 서로 바뀌는 것이 가능하고, 밸런스와 변화 속에서 성립된다고 하는 이론으로 4가지의 기본 변화를 갖는다.

음양의 최초의 함의(含意)는 매우 소박하여 태양을 등지고 서 있을 때 태양을 향하고 있는 것을 양(陽)이라 하고, 태양을 등지고 있는 것을 음(陰)이라 하였다. 이것이 후에 낮과 밤, 하늘과 땅(天地), 좌우(左右), 내외(內外), 남녀(男女), 사람과의 관계에서도 성립되는 이론이 되었다. 우주(宇宙)의 어떤 물질도 모두 음과 양의 두 부류로 나눌 수 있고, 어떤 종류의 물질이라도 그 내부를 또 다시 음과 양의 두 가지 방면으로 나눌 수 있으며, 이렇게 나뉜 음과 양은 또 다시 음양으로 나눌 수 있다. 이렇게 우주의 사물들은 서로 대립하면서도 또 서로 연계되어 존재하고 있어 어느 쪽이든 한 쪽만 존재할 수 없고 서로 영향을 미치면서 상호변화가 일어난다. 인체의 음양은 항상 상대적 평형을 유지해야만 건강이 유지된다.

2. 오행설(五行說)

오행설은 세상에서 일어나는 모든 사물과 현상의 움직임을 5가지 요소로 나누어 그 상호작용에 의한 운동과 변화를 적용시키는 이론이다. 오행은 최초에 '오재(五材)'에서 시작되었다. 오재(五材)는 목(木), 화(火), 토(土), 금(金), 수(水)의 다섯 가지 물질의 운동변화를 말한다. 우주 만물의 모든 사물은 모두 이 다섯 가지 기본 물질 간의 운동변화에 의해 생성된다는 데까지 그 의미가 확대되었다. 즉, 사람과 자연을 분류하고 계절과 방위, 색과 맛, 곡물과 채소와 고기, 느끼는 감정, 그리고 사람의 체질과 장기 등도 모두 5개로 나누어 이 세상에 존재하는 흐름과 움직임은 이 5가지의 요소가 서로 여러 가지 모양으로 관계하고 합쳐져서 생긴다.

오행은 목(木), 화(火), 토(土), 금(金), 수(水) 이 다섯 가지 사물의 상호관계 및 그 운동변화로 다음과 같다.

	목(木)	화(火)	토(土)	금(金)	수(水)
성질	솟구쳐 자라다	퍼져나가다	중재한다	모아서 굳게 한다	저장하여 키운다
계절	봄	여름	4계월(季月)	가을	겨울
오장(五臟)-음	간장(肝臟)	심장(心臟)	위장(胃臟)	폐장(肺臟)	신장(腎臟)
육부(六腑)-양	담(膽)	소장(小腸)	비장(脾臟)	대장(大腸)	방광(膀胱)
색	푸른색(靑)	붉은색(赤)	노란색(黃)	흰색(白)	검은색(黑)
식품 맛	신맛	쓴맛	단맛	매운맛	짠맛

(1) 목(木)의 특징

곡직(曲直)이라고 하여 나무가 성장하는 형상을 말하는 것으로 나뭇가지가 위로 뻗어서 성장하려는 기운을 의미한다. 계절로는 봄(春)에 해당하며, 맛으로는 신맛을 나타내고, 장부로는 간(肝)과 방위로는 동쪽(東)에 해당되고 색은 청색(靑色)을 의미한다.

(2) 화(火)의 특징

염상(炎上)이라고 하여 불의 성질, 열의 기운을 말한다. 계절로는 여름(夏)에 해당하며 맛으로는 쓴맛을 나타내고, 장부로는 심장(心臟)과 소장(小腸)에 해당하며, 방위로는 남(南)쪽에 해당되고, 색으로는 붉은색(赤色)을 의미한다.

(3) 토(土)의 특징

가색(稼穡)이라고 하여 만물을 기르고 변화시키는 흙의 기운을 의미하며 계절로는 늦은 여름(長夏)에 해당한다. 맛으로는 단맛을 나타내고 장부로는 비위(脾胃)가 해당되고 방위로는 중앙(中央)이며 색으로는 노란색(黃色)을 의미한다.

(4) 금(金)의 특징

종혁(從革)이라고 하여 맑고 깨끗하게 수렴하는 쇠의 기운, 금속의 기운을 의미하고 계절로는 가을에 해당되며 모든 곡식을 수확하는 계절로 거둬들이는 성질이 있다. 맛으로는 매운맛을 나타내고, 장부로는 폐(肺)에 해당하며, 방위로는 서(西)쪽에 해당되고 색으로는 백색(白色)을 의미한다.

(5) 수(水)의 특징

윤하(潤下)라고 하는데 물의 기운, 응고·수축의 기운을 의미하며 계절로는 겨울에 해당하며 맛으로는 짠맛을 나타낸다. 장부로는 신장(腎臟)에 해당되며 방위로는 북쪽(北)을 나타내고, 색으로는 검은색(黑色)을 의미한다.

4. 장상(臟象)

장(臟)이란 체내에 감추어져 있는 내장을 말하며, 상(象)은 그것이 바깥으로 표출되는 생리와 병리현상을 말한다. 장상학(臟象學)은 인체의 생리 · 병리현상의 관찰을 통해 인체 각각의 장부 생리기능과 병리변화 및 그 상호관계를 연구하는 학문이다. 장부는 내장의 총칭으로, 오장의 생리특성은 정기를 만들어 저장하는 것이고, 육부의 공통된 생리 특성은 수곡(收穀)을 받아서 소화시켜 영양물질로 변화하는 작용이다. 또, 오장육부와는 별도로 뇌(腦), 수(髓), 골(骨), 맥(脈), 담(膽), 여자포(女子胞) 등 여섯 개는 기항지부(寄恒之腑)라 하는데 여기에 속한 이들 장기의 형태로 보면 형태는 육부(六腑)와 유사하나 그 기능적인 면을 보면 오장(五臟)과 유사하다. 기항지부(寄恒之腑)에 속하는 기관들은 모두가 인체의 깊고 은밀한 곳에 위치해 있으며 다른 장부와 배합되지 않고 찌꺼기인 탁물을 저장하지 않는 특징이 있다.

1. 오장(五臟)

(1) 심장(心臟)

위치 : 심장은 흉곽 안과 횡격막 위에 위치하고 원형으로 끝이 좁고 긴 것이 연꽃 봉오리를 거꾸로 해놓은 것 같은 형태를 하고 있다.

기능 : 마음을 안정시켜 주고 혈압을 조절하며 심장의 화기를 없애주는 등 여러 가지 기능을 가지고 있다.

① **심주혈맥**(心主血脈)

심장은 혈맥을 주관한다는 뜻으로 임상에서 주로 심 · 뇌혈관 질환과 연관이 있다. 예를 들어 협심증, 고혈압, 뇌경색, 혈관염 등의 치료에 사용한다.

② **심주신지**(心主神志)

심장은 정신을 주관하므로 임상에서 신경쇠약이나 지나치게 꿈을 많이 꾸고 깨고 나서도 무슨 꿈을 꾸었는지 제대로 기억하지 못하는 다몽(多夢)증, 자율신경 이상, 우울증 등의 치료에 사용한다.

③ **심주한**(心主汗)

심장의 액(液)은 땀으로 배출되므로 주로 다한(多汗)증에 사용한다.

④ **심개규설**(心開竅舌)

심장의 구멍은 혀로 열려 있다 하여 혈의 경락은 인후 양쪽으로 순행하며 임상에서 인후염 또는 목소리가 쉬거나, 만성적 구강궤양 등에 사용한다.

⑤ **심기화재면**(心其華在面)

심장 속의 깨끗하고 아주 순수(純粹)한 부분(部分)은 얼굴에 나타난다는 뜻으로 기혈이 부족하면 얼굴에 핏기가 없어 창백하거나 어둡게 보일 수 있다.

(2) 폐장(肺臟)

위치 : 흉곽의 좌우에 하나씩 위치하고 있으며 가장 높이 있는 장이라 하여 화개(華蓋)라는 별명을 가지고 있다.

기능 : 폐는 기와 호흡을 주관하므로 폐의 혈은 기를 보해주며 혈맥을 통하게 해준다. 또한 천식을 멈추게 하며, 가래를 제거하여 기침을 멎게 하는 작용을 한다.

① **폐통조수도**(肺通調水道)

폐는 물길의 소통을 조절한다는 뜻으로, 즉 땀과 요를 통해 수액이 전신으로 퍼져나가는 것과 운행 및 배설을 조절하는 것이다. 이를 근거로 각종 부종이나 수종 등의 치료에 사용한다.

② **폐주피모**(肺主皮毛)

폐는 피부와 털을 주관한다. 폐의 기가 허하면 생리기능이 저하되므로 피부병, 탈모, 식은땀, 감기 등에 잘 걸린다.

③ **폐규어비**(肺開竅於鼻)

폐의 구멍은 코로 열려 있다는 뜻으로 폐기(肺氣)가 부족하면 목이 쉬거나 비염, 부비강염, 인후염 등이 나타나게 된다.

(3) 비장(脾臟)

위치 : 중초(中焦)에 위치하고 횡격막 아래에 있다.

기능 : 비장은 붓기를 빼고 몸 안의 습을 소변을 통해 배출하는 기능이 있어 임상에서는 부종이나, 복수 · 피부병 · 현기증 등의 치료에 사용한다.

① **비주운화**(脾主運化)

비장은 소화를 조절해 주는 기능을 가지고 있다는 뜻으로 비장에 문제가 생기면 새벽이나 기상하자마자 화장실 가서 설사를 하는 증상을 보이고, 복부에 가스가 차거나, 변비 · 소화불량 · 식욕부진 등이 나타나게 된다.

② **비통혈**(脾統血)

비장은 피가 혈관 안에서 흘러가도록 조절하고, 출혈을 멎게 하는 기능이 있다. 월경과다, 하혈 및 각종 출혈성 질병을 치료한다.

③ 비기주승(脾氣主升)

비장의 기는 위로 올라간다는 뜻으로 영양물질을 흡수하여 전신에 영양공급을 하게 된다.

④ 비주사지(脾主四肢)

비장은 팔, 다리를 주관한다는 뜻이다.

⑤ 비개규우구(脾開竅于口)

비장의 구멍은 입으로 열려 있다는 뜻으로 소화관의 최상단에 위치하여 이상이 생기면 만성구강 궤양, 입술 염증, 혀 염증 등이 나타나기도 한다.

(4) 간장(肝臟)

위치 : 복부에 위치하고 횡격막 아래, 오른쪽 갈비뼈 안에 위치한다. 간장은 혼이 머무르는 곳이며, 혈이 저장되고, 근(筋)의 종가(宗家)가 된다.

기능 : 간은 소화기능과 더불어 몸의 해독 기능까지 하는 등 매우 중요한 역할을 하며, 혈액을 저장하고 혈액량을 조절하는 기능이 있다.

① 간주소설(肝主疏泄)

간장은 나무의 가지가 뻗어 나가듯이 쭉쭉 뻗어나가야 한다는 뜻으로 간이 전신의 기(氣), 혈(血), 진액(津液) 등을 소통시키고 발산시켜 통창하게 하는 작용을 말한다.

② 간장혈(肝藏血)

간장은 혈액의 저장을 주관하는 곳으로 간혈(肝血)을 보하여 준다.

③ 간주근(肝主筋)

간장은 근육을 주관하며 간혈(肝血)은 몸 안의 풍과 담을 없애고 근육을 풀어주어 통증을 없애는 작용이 있다.

④ 간개규우목(肝開竅于目)

간장의 구멍은 눈으로 열려 있다는 뜻으로 눈의 시력과 연관이 있다. 간혈(肝血)이 부족하면 눈이 건조하고 사물이 흐릿하게 보이며 충혈되고 가렵다.

(5) 신장(腎臟)

위치 : 허리에 위치하며 척추 좌우로 각각 한 개씩 있다.

기능 : 신장은 우리 몸의 선천적인 근본이므로 신장이 튼튼하면 건강하고 장수할 수 있다.

① 신주골, 뇌수(腎主骨, 腦髓)

신장의 기(氣)는 뼈의 성장발육을 주관한다. 수(髓)에 골수, 척수, 뇌수가 있으며 신경성 질환과 관계가 있다.

② 신개규어이(腎開竅於耳)

신장의 구멍은 귀로 열려 있다는 뜻으로 청각의 정상 여부와 관계가 있다. 이상이 생기면 이명이나 청력저하 등이 나타나기도 한다.

③ 신기화재발(腎其華在髮)

신장의 정화는 머리카락에 나타난다고 하여 기가 부족하면 탈모가 나타난다.

④ **신주수(腎主水)**

신장은 수액대사를 주관하여 소변의 생성과 배설에 중요한 조절작용을 갖는다.

⑤ **신장정(腎藏精)**

신장은 생장 · 발육 및 생식을 주관한다는 뜻으로 양기(陽氣)가 부족하면 피곤하고 손발이 차고 다리가 시리고 아프다. 또한 소변량이 많거나 잘 나오지 않을 수도 있다. 반대로 음기(陰氣)가 부족하면 이명, 내열, 유정(遺精)증상 등이 나타난다.

2. 육부(六腑)

소장, 대장, 위, 담, 방광, 삼초의 총칭이다. 음식물을 부숙(腐熟)시키고 소화시키고 찌꺼기로 바꾸는 것이 공통된 생리기능이며, 이러한 생리특징으로 인해 '유실이불능만(有實而不能滿 : 내실이 있어도 가득 차 있을 수 없다)' 하다고 하며 '이강위순(以降爲順 : 내려 보내는 것이 순리)' 하다고 하며 '이통위용(以通爲用 : 서로 소통하고 통과시키는 작용)' 이라고 하기도 한다. 내려 보내고(降) 통과하는(通) 것이 과하거나 불급한 것은 모두 병리상태에 속한다.

(1) 소장(小腸))

소장은 위에서 소화를 거친 음식물을 받아들여 저장하면서 다음 단계의 소화를 진행하므로 '수성지관(受盛之官)' 이라고도 한다. 즉, 음식물에서 나오는 에너지 물질을 흡수하여 찌꺼기는 소장에서 대장으로 운반함을 말한다. 열(熱)과 습(濕)을 소변으로 빼주며 대변을 통하게 하고 설사를 멈추게 하는 기능이 있으며 소장의 경락은 심장 경락과 표리 관계에 있어 심장질병을 치료하는데 응용이 가능하다. 소장 기능에 이상이 생기면 소화불량이나 설사 및 변비를 나타내고 복부에 가스가 차기도 한다.

(2) 대장(大腸)

대장은 소장의 내용물을 받아 그 중에서 수분을 흡수하고, 남은 찌꺼기를 대변으로 배출한다. 또한, 장부의 열을 내려주고, 폐와 대장은 표리관계에 있다.

(3) 위(胃)

위는 소화기의 중요한 부분으로 음식이 들어가면 위액을 분비하면서 음식물이 체내에 흡수되기 쉽도록 만들어 준다. 또한 각 장기에 연락을 취해 간장에는 담즙의 분비를, 췌장에는 인슐린의 분비를 명령하게 된다. 따라서 위는 다른 모든 장기와 연락관계를 가지게 된다. 위에 이상이 생기면 소화불량, 구토, 동통, 복부창만 등이 생기게 된다.

(4) 담(膽)

담낭은 간 틈에 붙어 있어서 간장의 분비물인 담즙을 저장하였다가 위 내용물이 유문으로 나오기 시작하면 담즙을 소장으로 유출시켜 소화를 돕는다. 따라서 이상이 생기면 주로 담낭질환이나 입 안이 쓰다든가, 식욕감퇴, 옆구리와 배에 가스가 차서 결리는 증상을 보인다.

(5) 방광(膀胱)

방광은 소변을 저장하고 배설하는 기능이 있으며 신장과 표리관계이다.

(6) 삼초(三焦)

삼초란 상초(上焦), 중초(中焦), 하초(下焦)로 나뉘며 목구멍에서부터 전음, 후음까지의 부위를 말한다. 상초(上焦)는 심, 폐, 머리가 포함되고 운화작용을 담당한다. 중초(中焦)는 비위가 속하며 영양섭취를 담당한다. 하초(下焦)는 간장, 신장, 소장, 대장, 방광 및 남녀의 생식기관을 포괄하며 배설을 담당한다.

오행표(五行表)

오행(五行)	오미(五味)	오색(五色)	오장(五臟)-음	육부(六腑)-양	변화	형체
목(木)	신맛	청	간	담	생겨나고(生)	근
화(火)	쓴맛	적	심	소장	자라고(長)	혈관
토(土)	단맛	황	비	위	변화하고(化)	육
금(金)	매운맛	백	폐	대장	거둬들인다(收)	피모
수(水)	짠맛	흑	신	방광	저장한다(藏)	뼈

5. 식품의 성미

'기미론(氣味論)' 이란 한약의 효능이론을 말하며 약성론(藥性論)이라고도 부른다. 자연환경이 인체에 미치는 영향 중 중요한 것은 계절로, 봄 · 여름 · 가을 · 겨울의 사계절 변화는 각기 다른 특성을 지니며 그 현상은 인체의 오장육부, 경락, 기혈 등에도 다른 영향을 미친다. 이 중 '사기오미(四氣五味)'란 한(寒) · 열(熱) · 온(溫) · 량(凉)과 산(酸) · 고(苦) · 감(甘) · 신(辛) · 함(鹹)을 의미하며 인간과 자연을 일체시켜 나가는 개념이다.

1. 사성(四性)

약리작용을 하는 천연의 약물이나 음식물은 4계절의 기운으로 비유될 수 있으며 사기(四氣)라고 하는 따뜻한 성질(溫), 뜨거운 성질(熱), 차가운 성질(寒), 서늘한 성질(凉)의 네 가지 기운 중 하나를 가지고 있어 사성(四性)이라고도 한다. 이 사성은 음식물의 특성을 결정하는 중요한 요소가 되며 각각의 성질의 작용은 다음과 같다.

(1) 따뜻한 성질(溫)

만물이 소생하는 봄의 기운과 비슷한 성질로 내부분의 음식물이나 식재료들은 따뜻한 성질을 가지고 있으며 기혈(氣血)을 잘 통하게 하고 경락을 잘 통하게 하고 몸에 남아있는 담음(痰飮)을 제거해 준다. 또한 한(寒)으로 인한 감기를 치료하거나 양기(陽氣)를 보하여 주며, 소화력을 튼튼히 하여 밥맛을 좋게 해준다.

따뜻한 싱질올 가진 식재료의 예를 들면 찹쌀, 모과, 대추, 잣, 호두 등의 견과류와 마늘, 생강, 호박, 쑥, 파 등의 채소류 그리고 육류로는 닭고기, 양고기, 개고기 등을 들 수 있다.

2) 뜨거운 성질(熱)

번영과 왕성하게 뻗어나가는 여름의 기운을 가진 성질로 자극 · 흥분 · 땀을 나게 해주며 냉증치유에 쓰면 몸을 따뜻하게 한다. 식재료 중에는 열성이 드물며, 온성(溫性)에 속한 식재료는 파와 생강 등이 있다.

3) 서늘한 성질(凉)

모든 것이 수렴되며 정리되는 가을의 기운과 비슷하며, 찬 성질보다는 약하지만 우리 몸의 열을 제거해준다. 보음(補陰)작용이 있고, 감기 · 고혈압 · 두통처럼 기운이 위로 올라간 것을 내려주며, 지혈(止血)작용이 있다. 서늘한 성질을 가진 식재료로는 밀, 보리, 녹두, 율무, 무, 배, 귤 등이 있다.

4) 차가운 성질(寒)

만물이 칩거하는 겨울의 기운과 비슷하며, 발열 · 구갈(口渴) · 건조 등의 열증(熱症)을 치료한다. 또한 지혈(止血) · 소염(消炎) · 진정(鎭靜)작용이 있다. 차가운 성질을 가진 식재료들은 감, 수박, 미역, 다시마, 게, 고사리 등이 있다.

성 질	특 징	식재료
따뜻한 성질(溫)	· 봄의 기운 · 기혈(氣血)과 경락(經絡)을 통하게 함 · 담음(痰飮)을 제거	찹쌀, 모과, 대추, 잣, 호두 등의 견과류와 마늘, 생강, 호박, 쑥, 파 등의 채소류 그리고 육류로는 닭고기, 양고기, 개고기
뜨거운 성질(熱)	· 여름의 기운 · 자극, 흥분, 땀을 나게 함 · 냉증 치유에 쓰이면 몸을 따뜻하게 함	파, 생강, 후추, 겨자, 산초, 계피
서늘한 성질(凉)	· 가을의 기운 · 몸의 열을 제거 · 보음(補陰), 지혈(止血)작용	밀, 보리, 녹두, 율무, 무, 배, 귤, 미나리, 시금치, 가지
차가운 성질(寒)	· 겨울의 기운 · 열증(熱症)을 치료 · 지혈(止血), 소염(消炎), 진정(鎭靜)작용	감, 수박, 미역, 다시마, 게 고사리, 연근, 죽순, 오디, 감

2. 오미(五味)

오미(五味)란 산(酸), 고(苦), 감(甘), 신(辛), 함(鹹) 다섯 가지 맛의 통칭으로 미각기관을 통해 판별되며 임상에 반영되어 나타나는 효능을 반영하기도 한다.

(1) 산미(酸味)

신맛은 주로 수렴(收斂)하는 작용이 있으며, 진액(津液)을 생성하므로 소화를 촉진시키는 효능이 있어 소화가 잘 되지 않는 경우, 설사할 때 떫은 석류껍질을 먹으면 장의 기운을 떨어뜨려 멈추게 된다. 이는 떫은맛이 신맛과 함께 작용함으로써 신맛의 수렴작용을 촉진시켜 주기 때문이다. 신맛을 가진 음식으로는 귤, 사과, 복숭아, 감, 살구, 매실 등이 있다.

(2) 고미(苦味)

쓴맛은 열을 없애는 작용이 있어 열로 인한 염증 · 불면증 · 변비 등을 치료하며, 소량의 쓴맛은 식욕을 돋우고 소화를 촉진시켜 준다. 쑥, 도토리, 오이, 참외의 꼭지부, 감귤 등이 쓴맛을 가지고 있다

(3) 감미(甘味)

단맛은 긴장된 근육을 이완시키는 완화, 해독작용을 한다. 인체의 기운을 길러주며 자양하고 윤활시키는 성질을 가지고 있어 몸의 일부분이 건조한 증상을 치료해 준다. 쌀, 찹쌀, 밀, 율무, 팥, 완두콩, 호박, 고사리, 가지, 두부, 옥수수, 수박, 복숭아, 앵두, 검은깨, 미꾸라지, 뱀장어, 달걀, 닭고기, 쇠고기, 돼지고기 등 대부분의 식품들이 단맛을 가지고 있다.

(4) 신미(辛味)

매운맛은 발산하는 작용이 있어 기의 흐름을 좋게 해주고, 피가 잘 돌게 해준다. 몸의 진액을 생기게 하여 신기능과 소화기능을 좋게 하여 식욕을 촉진시켜 준다. 무, 마늘, 생강, 도라지, 파, 천궁 등이 매운맛을 가지고 있다.

(5) 함미(鹹味)

짠맛은 단단하고 뻣뻣한 것을 유연하게 해주므로 장의 변통을 좋게 해주고, 신장의 기운이 약해 나타나는 증상에 도움을 준다. 보리, 조, 김, 미역, 다시마, 해삼, 대합 등의 해산물 종류가 짠맛이 많다.

오미(五味)	식재료
산미(酸味)	귤, 사과, 복숭아, 감, 살구, 매실
고미(苦味)	쑥, 도토리, 오이 · 참외의 꼭지부, 감귤의 껍질
감미(甘味)	쌀, 찹쌀, 밀, 율무, 팥, 완두콩, 호박, 고사리, 가지, 두부, 옥수수, 수박, 복숭아, 앵두 검은깨, 미꾸라지, 뱀장어, 달걀, 닭고기, 쇠고기, 돼지고기 등 대부분의 식품
신미(辛味)	무, 마늘, 생강, 도라지, 파, 천궁, 부추
함미(鹹味)	보리, 조, 김, 미역, 다시마, 해삼, 대합 등의 해산물 종류 등

음양오행설(陰陽五行說)에 따른 오방색(五方色)과 오미(五味)

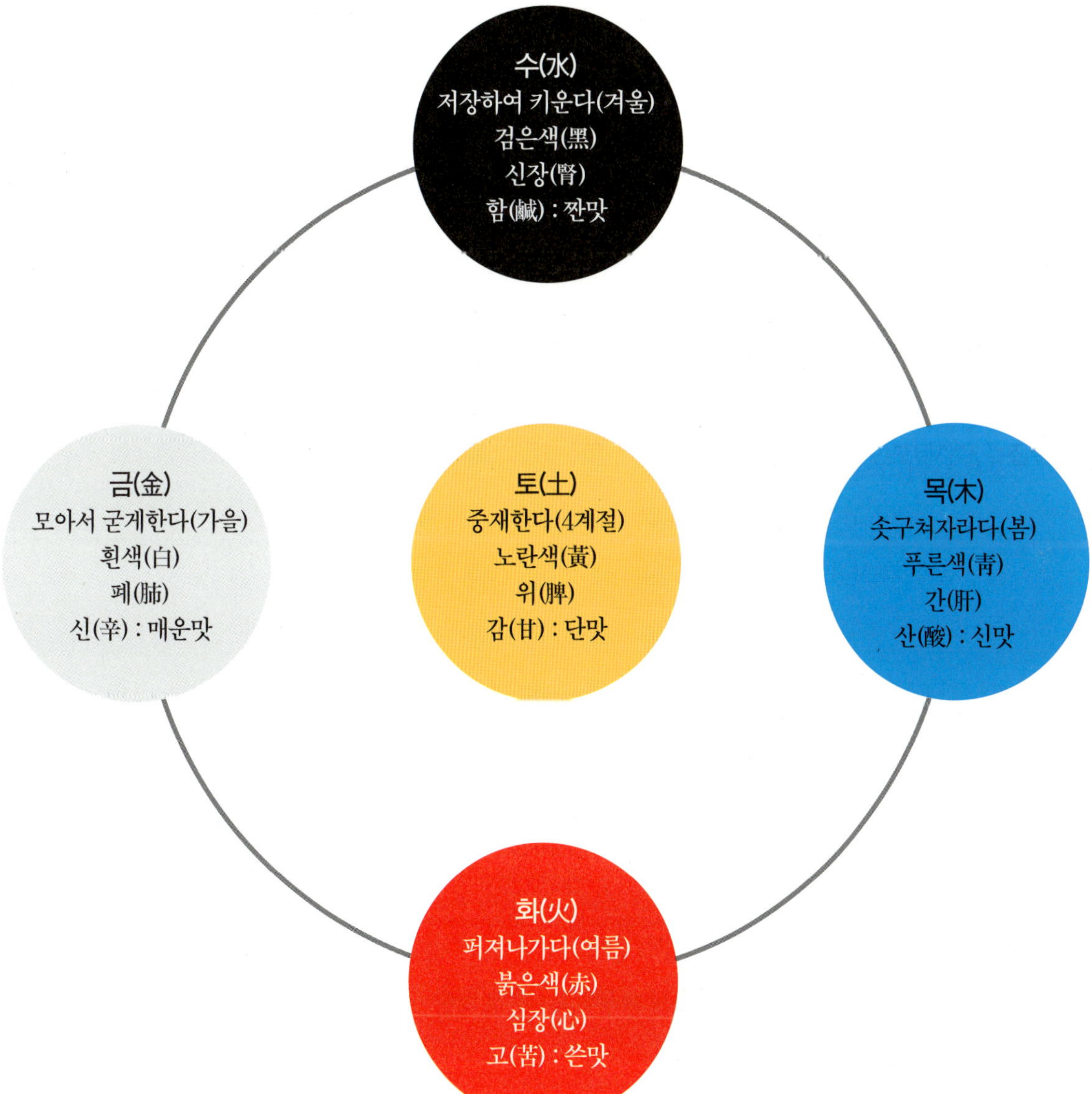

6. 사상체질과 약선식

1. 사상체질과 약선

사상의학에서 보는 음식은 오래전부터 음식물에 대해 영양학에서 다루는 식이(食餌)적 효능과 식품마다 인체 각 장기에 개별적인 약이(藥餌) 요소를 갖고 있어 치료효과를 나타낸다고 보아왔다. 즉, 음식은 약물보다 기(氣)의 편향(偏向)이 적지만, 장기간 다량으로 섭취하므로 체질에 맞는 음식은 최상의 보약이다. 사상체질(四象體質)은 조선후기 동무(東武) 이제마(李濟馬) 선생의 <동의수세보원(東醫壽世保元)>이라는 책에서 출발하였다. 이 책을 통해 "인간은 천부적으로 오장육부의 기능과 희로애락의 타고난 본성이 작용하여 생리현상을 이룬다."라고 하였다.

즉, 태양인, 태음인, 소양인, 소음인으로 체질분류를 하는데 각 체질에 따라 장기의 기능도 다르고 성격도 다르며 맞는 음식도 각각 다르다는 것이다. 태양인은 폐대간소(肺大肝小), 태음인은 간대폐소(肝大肺小), 소양인은 비대신소(脾大腎小), 소음인은 신대비소(腎大脾小) 4가지로 나누었다. 최근 들어 서양과학의 한계를 느끼고 동양적 사고로 전환하면서 사상체질의 중요성이 대두되고 있다. 어느 음식이 어느 체질에 좋다고 해서 한 가지 음식만 계속해서 먹고 살 수는 없다. 음식도 약과 같아서 자신의 체질에 맞는 음식을 먹으면 약을 먹은 것 같이 건강을 유지할 수 있지만, 체질에 맞지 않는 음식을 먹으면 본인도 모르는 사이에 몸 상태가 나빠질 수가 있다.

따라서 각 체질마다의 특정적 기운의 편향이 불균형을 유발하므로 각자 체질의 특성을 이해하고 식품 및 영양학상의 분류를 함께 적용해 음식으로 보완 · 조절한다면 새로운 건강 식단이 될 것이다.

2. 체질에 따른 약선

(1) 태양인(太陽人)

우리나라 사람에게는 극히 드문 체질로, 이제마는 사상인 중에서 약 0.1% 정도를 차지한다고 했다. 그러나 이것은 지금으로부터 100년 전에 그가 살았던 북부 지방을 중심으로 한 통계이다. 후대의 한의학자 이종오(李鐘午)에 따르면 서울 지방을 중심으로 1,000명을 조사하여 통계를 내 본 결과, 태양인의 체질은 20%나 되었다고 한다. 따라서 조사방법에 따라 또는 체질을 나누는 이론에 따라 통계가 다르게 나타남을 알 수 있다.

① 특징

태양인의 일반적인 특징은 체격이 크고 목이 굵으며 가슴이 넓어 상체가 튼튼한 반면, 허리가 가늘고 엉덩이가 작으면서 다리가 약하여 하체는 허약한 편이다. 피부는 윤기가 있고 근육이 잘 발달되어 있다. 얼굴 생김새는 둥글고 잘 생긴 편이며 붉은색을 띠고 있고, 눈에 정기가 있다. 성격은 과격하고 조급하면서 활달하다. 또 두뇌가 좋고 추진력이 강하다. 노여움을 잘 타고 계획성이 없으며 쉽게 놀라는 단점도 있다. 장기는 폐가 크고 간이 작아 선천적으로 간 기능이 약하다.

② 음식

태양인은 열이 많은 체질이므로 기운이 냉한 해물류와 채소류를 통해 기운이 상승하는 것을 억제해 줄 필요가 있다. 따라서 체질에 적합한 음식은 담백한 어패류나 녹황색의 채소류 등이다. 태양인은 양(陽) 기운이 충만하여 발산하는 기질을 지녔으므로 매운맛을 지닌 음식은 삼가는 것이 좋다. 반면 끌어 모으는 음기가 약하므로 포도주스처럼 신맛을 즐기는 것이 좋다.

태양인(太陽人)과 관련된 음식

분류	적합한 음식	피해야 할 음식
곡류	멥쌀, 메밀	밀가루, 수수, 흰콩
채소 · 과실류	감, 모과, 앵두, 파인애플, 포도, 머루, 키위	호두, 잣, 밤, 고추, 부추 산초, 무, 겨자, 카레
육류	–	고기류(쇠고기, 돼지고기 닭고기, 염소고기, 개고기)
어패류	새우, 게, 홍합, 해삼, 전복 굴, 붕어, 문어, 해파리	–
음료	머루차, 모과차, 솔잎차	커피, 인삼차, 꿀차, 쌍화차
한약재	솔잎, 송화, 오가피	녹용, 인삼, 당귀, 대추, 황기, 계피

(2) 소양인(少陽人)

이제마에 따르면 소양인은 약 30%를 차지한다고 했으나, 이종오에 따르면 50% 정도로 큰 차이가 있다.

① 특징

소양인의 일반적인 특징은 체격은 보통이며 몸집은 여윈 편이다. 선천적으로 엉덩이가 작고 다리가 허약하여, 하체가 약한 편이다. 반면에 목이 굵고, 가슴이 넓어 상체는 강한 편이다. 상체가 하체보다 발달하여 걸을 때에 어깨를 들썩이며 걷는 경향이 있다. 피부는 땀이 잘 나지 않아 건조한 편이고, 근육은 탄력성이 있다. 얼굴 생김새는 눈이 빛나고 입술이 얇으며 콧날이 오뚝하고 턱이 뾰족하여 날카로운 인상을 준다. 성격은 쾌활하면서 조급하여 자주 실수를 하는 경향이 있으며, 감수성이 예민한 편이며 모든 일에 활동적이고, 남의 일을 잘 도와주는 등 희생정신이 강하다.

장기는 비장 기능이 선천적으로 튼튼하여, 겨울에도 찬물을 즐겨 마시고 여름에는 빙과류를 즐기는 반면, 비뇨생식기계 기능은 약한 편이다. 그래서 남성인 경우는 정력이 약하며, 여성인 경우는 임신이 잘 안 되고 출산할 때에 난산하는 경우가 많다. 또, 신장 기능의 약화로 간 기능의 저하 · 동맥경화 · 고혈압 등이 발생하기 쉽고, 불임증이나 당뇨병 등도 생기기 쉽다.

② 음식

소양인은 비장 기능이 강하여 소화능력이 좋지만 성격이 급하고 속에 열이 많은 체질이기 때문에, 더운 음식과 기름기가 많은 음식이 좋지 않고 열을 식히는 채소류와 해물류를 먹는 것이 좋다. 몸 안의 열을 식혀주는 돼지고기는, 소양인에게 아주 좋은 보양식이다. 돼지고기는 몸 안에 흡수되면 에너지를 억제하고 조절하는 역할을 한다고 한다. 소양인도 과식은 피하는 것이 좋으며 기운을 아래로 내려주는 쓴맛과 짠맛 및 신맛과 떫은맛이 좋다.

소양인(少陽人)과 관련된 음식

분류	적합한 음식	피해야 할 음식
곡류	보리, 팥, 녹두	찹쌀, 차조
채소 · 과실류	토마토, 딸기, 오이, 참외, 배추	양파, 부추, 생강, 파, 마늘, 갓
육류	돼지고기	닭고기, 개고기, 염소고기
어패류	가자미, 복어, 게, 전복, 해삼, 우렁이, 굴	조기, 메기, 미꾸라지, 전어
음료	구기자차, 산수유차	커피, 술
한약재	영지, 결명자, 구기자, 박하, 홍화	인삼, 꿀,당귀, 감초, 계피, 녹용, 마

(3) 태음인(太陰人)

이제마에 따르면 우리나라 사람에게 비교적 많은 체질은 태음인으로, 약 50%를 차지한다고 했다. 그러나 이종오에 따르면 20% 정도로 많은 차이가 있다.

① 특징

태음인의 일반적인 특징은 뼈대가 굵고 손 · 발 · 이목구비 등이 커 체격이 큰 편이고, 몸집은 비대하다. 또, 상체는 약하고 하체는 강한 편으로, 목덜미가 짧고 가는 반면, 허리는 굵고 키가 크다. 피부는 거칠고 단단하며 땀구멍이 크다. 따라서 조금만 움직여도 온몸에 땀이 많이 나므로, 특히 무더운 여름에 견디기가 힘들다. 얼굴 모양은 피부색이 약간 검으면서 듬직해 보인다. 성격은 꾸준하고 참을성이 있으며 느린 편이나 고집이 세고, 자기 일에는 충실하나 남의 일에는 무관심하며 욕심이 많아 이기적이란 소리를 많이 듣는다.

장기는 간이 크고 폐가 작다. 선천적으로 기관지 계통의 기능이 약하다. 또, 음(陰)이 많은 체질이므로, 건강을 유지하려면 땀을 많이 흘리는 것이 좋다. 또, 태음인의 경우에 대개는 육식 위주의 대식가인데, 소화 흡수 기관이 약한 편이다. 따라서 먹은 음식물을 분해하여 몸 밖으로 내보내는 작용이 잘 안 되므로, 태음인은 땀이 많이 나도록 가능한 한 몸을 많이 움직이거나 한증 · 찜질 · 사우나 등을 통해 노폐물을 몸 밖으로 내보내는 것이 건강에 도움이 된다. 태음인의 체질에 잘 생기는 병으로 오한은 심하나 열은 심하지 않으며, 온몸이 쑤시는 것 같이 아프고 땀이 나지 않는 증상, 고혈압, 간경화증, 폐결핵, 당뇨병, 중풍 등이 있다.

② 음식

태음인은 소화흡수 기관이 약하여 먹은 음식물을 분해하여 몸 밖으로 배출되는 작용이 잘 안되기 때문에 자극적이고 찬 음식보다는 약간 더운 음식이 좋다. 또한 기혈 순환이 잘 이뤄지지 않아 심장에 부담을 주게 되어 당뇨병이나 고혈압 등에 걸리기 쉬우므로 과식과 지방질이 많은 음식은 피하는 것이 좋다. 짠 음식은 기운을 내리는 성질이 있으므로 피한다.

태음인(太陰人)과 관련된 음식

분류	적합한 음식	피해야 할 음식
곡류	멥쌀, 콩, 밀	팥, 녹두, 메밀, 동부
채소 · 과실류	밤, 잣, 호두, 땅콩, 오미자, 살구, 자두 매실, 도토리, 호박, 칡, 도라지, 버섯, 우엉	수박, 포도, 바나나, 감, 상추, 깻잎 숙주나물, 생강, 배추, 오이
육류	쇠고기, 우유	돼지고기, 닭고기, 개고기, 달걀
어패류	명태, 고등어, 뱀장어, 복어, 도미 잉어, 미역, 다시마	굴, 홍합, 소라, 재첩, 바지락
음료	칡차, 율무차	–
한약재	녹용, 맥문동, 용안육, 오미자 국화, 사향, 연자육	인삼, 꿀, 구기자, 홍화

(4) 소음인(少陰人)

이제마에 따르면 소음인의 비율은 약 20%를 차지한다고 하였으나, 이종오에 따르면 소음인의 비율은 10% 정도로 나타났다.

① 특징

소음인은 일반적으로 체격이 작고, 키도 작은 편이나 비교적 균형은 잘 잡혀 있다. 그런가 하면 상체보다 하체가 발달하여 가슴이 좁고 엉덩이가 크며 허리는 보통이고 다리는 굵다. 얼굴 모양은 둥글고, 피부색은 흰 편이며 피부가 연하고 부드러우며, 땀구멍이 치밀하여 땀은 많이 나지 않는다. 성격은 온순하고 조용하며 의지가 굳다. 또 세심하고 조직력이 있으며 판단력이 빠르다. 장기는 비뇨 생식기계의 기능은 튼튼하나, 선천적으로 위장기능이 약한 편이다. 따라서 급·만성 위장병, 위하수, 복통 등의 위장 질환이 발생하기 쉽다. 또한, 오슬오슬 춥고 열이 약간 나며, 머리와 온몸이 아픈 증상, 변비, 빈혈, 황달 등도 생기기 쉽다. 또 소음인은 성격이 세심하고 내성적이며, 정신착란·우울증·불면증 등과 같은 정신질환 계통의 병이 생기기 쉽다고 한다. 한편, 소음인의 체질은 땀을 많이 흘리면 몸에 좋지 않으므로 찜질방, 또는 한증막을 다니는 일이나 사우나 등은 삼가는 것이 좋다.

② 음식

소화 기능이 약한 소음인은 과식을 피해야 한다. 소음인은 뱃속이 선천적으로 차기 때문에, 찬 음식보다는 덥고 매운 음식이 좋으며 생식은 피하는 것이 좋다.

소음인(少陰人)과 관련된 음식

분류	적합한 음식	피해야 할 음식
곡류	찹쌀, 좁쌀	팥, 보리, 메밀, 녹두, 밀가루
채소·과실류	복숭아, 귤, 대추, 파, 마늘, 당근 쑥, 미나리, 감자	딸기, 참외, 오이, 바나나, 수박 고구마, 호두, 배추
육류	닭고기, 염소고기, 꿩고기, 개고기, 노루고기	쇠고기, 돼지고기, 오리고기
어패류	명태, 미꾸라지, 갈치, 병어, 준치	생굴, 오징어, 게, 다시마, 홍합 조개, 가재, 도미
음료	인삼차, 꿀차, 두충차, 황기차	우유, 맥주
한약재	녹용, 황기, 백출, 진피, 감초, 인진쑥 당귀, 익모초, 하수오	–

7. 보양(補陽)식품

보양(補陽)식품이란 사람이 몸을 보할 목적으로 먹는 식품으로, 식품 속에 들어 있는 여러 가지 성분들이 체내에서 종합작용 또는 상호작용을 함으로써 몸의 기능을 원활하게 하고, 여러 가지 병의 증세를 빠르게 회복시키는 작용을 한다. 사람 몸은 양기(陽氣)가 부족하게 되면 원기(元氣)도 동시에 약해지고 기가 많이 부족하게 되면 양도 같이 부족해진다.

또 사람의 혈이 부족하면 음도 따라서 부족해지며 음과 양이 서로 보완적으로 조절하면서 균형을 유지하여야 건강한 몸을 유지할 수 있다. 기혈(氣血)은 서로 밀접한 관계를 가지고 있어 어느 한쪽이 많이 부족하다고 해서 해당되는 보양식만 먹는 것보다는 기(氣) · 혈(血) · 음(陰) · 양(陽)의 네 가지 보양식품을 잘 배합하여 섭취하는 것이 바람직하다.

보양(補陽)	식재료
보기(補氣)	근채류인 인삼 · 마 · 고구마 · 생강, 경채류인 파 · 감자, 과채류인 유자 · 잣 · 앵두 · 매실 · 포도 · 개암, 곡류인 수수 · 찹쌀, 어패류인 잉어 · 미꾸라지 · 장어 · 대구 등이 있다.
보혈(補血)	근채류인 연뿌리 · 당귀 · 도라지, 엽경채인 냉이 · 시금치, 과채류인 대추 · 오미자 · 복숭아 · 토마토 · 가지, 어패류인 붕어 · 소라 · 꽁치, 고기류인 쇠고기 · 메추라기 등이 있고 바닷말인 다시마, 미역과 국화도 여기에 속한다.
보양(補陽)	근채류인 오가피 · 콩나물 · 마늘, 생채인 미나리 · 부추 · 쑥 · 두충 · 과채류인 오디 · 산딸기 · 호두, 곡류인 팥 · 좁쌀, 어패류인 조기 · 새우 · 멸치 · 해삼 · 전복, 육류인 염소고기 · 닭고기 · 오리고기 · 개고기 · 사슴고기 · 멧돼지고기 등을 들 수 있다.
보음(補陰)	근채류인 당근 · 더덕 · 무 · 우엉, 경채류인 토란 · 달래, 엽경채인 상추 · 질경이, 과채류인 수박 · 모과 · 오이 · 호박 · 땅콩 · 밤, 곡류인 콩 · 율무 · 메밀 · 옥수수, 어패류인 가물치 · 쏘가리 · 청어 · 조개, 육류인 토끼고기 · 돼지고기 · 자라고기 등이 여기에 속한다. 이 밖에 버섯, 두부, 들깨, 참깨 등도 있다.

1. 보기(補氣)

기(氣)가 허한 것을 보충해 주는 식품이다. 사람이 기가 허하면 저절로 땀이 나고, 가슴이 두근거리며, 기운이 없게 된다. 또 조금만 움직여도 숨이 차거나, 감기에 잘 걸리게 된다. 이 모든 증상은 대부분 원기가 부족하거나 약해진 데서 오는 일반적인 증상으로, 이와 같이 기가 허한 사람에게 보기(補氣) · 강정식품을 섭취시켜 기를 보충해 주면 효과적이다.

2. 보혈(補血)

보혈식(補血食)은 말 그대로 피를 보하는 강장식으로 주로 혈허증(血虛症 : 피가 부족한 증상)을 낫게 하는 효능이 있다. 또한 심장 혈관 계통의 생리적 기능을 조절하여 준다. 얼굴색이 누렇고 입술과 손톱 · 발톱의 색깔이 창백한 사람, 또는 가슴이 두근거리며, 머리가 어지럽고, 숨결이 밭은 사람에게 적절한 식품이다.

3. 보양(補陽)

보양식(補陽飮食)은 양기(陽氣)가 모자라는 데서 오는 일반적인 증상을 낫게 하는 효능이 있다. 양기가 부족한데서 오는 일반적인 증상은 추위를 잘 타고, 팔다리가 싸늘하며, 얼굴색이 하얗게 되고 온몸이 나른하며, 말하기를 싫어한다. 또한 양기 부족으로 인한 일반적인 증상뿐만 아니라, 양기가 모자람에 따라 발생되는 여러 가지 질병에도 많은 도움을 주고 체내에서 운동에너지를 만들어 활동력을 높여 주는 작용을 한다. 허리와 무릎이 시큰거리면서 아프거나 힘이 없고, 온몸이 나른하며 몸과 팔, 다리가 차고 맥이 없는 증상이 있는 사람에게 알맞은 식품이다.

4. 보음(補陰)

진액(津液), 정(精), 혈(血) 등 음액(陰液)이 모자라서 생기는 일반적인 증상을 낫게 하는 효능이 있다. 음액이 모자라서 생기는 증상은 미열이 나면서 손바닥 그리고 가슴 속이 달아오르며, 조열(潮熱)이 나고 몸이 여위거나 식은땀이 나면서 입과 목이 마르고, 맥이 약하게 뛴다.

또한 보음식품은 머리가 자주 아파 호소하는 두통, 수면 중에 땀을 많이 흘리거나 손발이 잘 트며 피부가 건조한 경우, 허리통증 및 무릎관절의 힘이 약해져서 앉았다 일어서면 소리가 나는 사람에게 알맞은 식품이다.

8. 한약재의 기미(氣味) 및 효능

구기자(枸杞子)

구기자의 성질은 보통(平)이며 맛은 달다(甘). 단백질, 지방, 당질, 칼슘, 인, 철분, 베타인, 루틴 등이 들어 있어 흡수가 빠르며 한방에서는 강장제 · 해열제로 쓰고 간 기능 보호 작용이 뛰어나 부작용이 별로 없다. 시력을 좋게 하고 성인병을 예방하며 폐와 신장의 기능을 좋게 하는 데 효과가 있다.

국화(菊花)

국화의 성질은 달고(甘) 쓰며(苦) 약간 차다(微寒). 간 기능을 활성화하여 눈이 충혈되고 아픈 증상을 치유하며 위열을 제거하므로 복통이나 위산과다 및 입안에서 냄새가 나는 것을 치료한다. 또한 항균작용도 하여 관상동맥질환, 고혈압, 동맥경화 등에 널리 쓰인다.

결명자(決明子)

결명자란 눈을 밝게 해주는 씨앗이란 뜻으로 성질은 달고(甘) 쓰고(苦) 짜며(鹹) 약간 차다(微寒). 간(肝)의 화(火)를 내려 눈이 충혈되고 붓고 눈물이 흐르는 증상을 치료하고, 야맹증에도 사용하며 열이 대장에 쌓여 생기는 변비에 효과가 있다. 또한 혈압 강하, 동맥경화, 콜레스테롤 강하 등의 기능이 있다.

갈근(葛根)

갈근은 칡뿌리를 가리키며 성질은 보통(平)이며 맛은 달고(甘) 맵다(辛). 전분질이 많으며 칡가루는 갈분이라 한다. 갈근은 땀을 내며, 열을 내려 고열 · 두통을 치료하고 갈증을 멎게 하며 소화불량, 두통, 빈혈, 이질 등에 쓰이고 당뇨, 대장염, 악성 종양 등에도 약리효과가 있다.

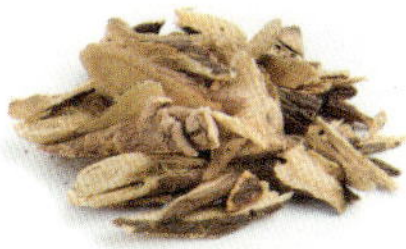

감초(甘草)

감초의 성질은 보통(平)이며 독이 없으며 맛은 달다(甘). 비위(脾胃) 기능을 좋게 하여 식욕부진, 위장의 경련, 동통을 그치게 하며 폐를 촉촉하게 하여 기침이나 갈증 등을 치료하는 데 도움이 된다. 또한 독에 대한 해독작용이 있고 약과 약의 조화를 이루게 한다.

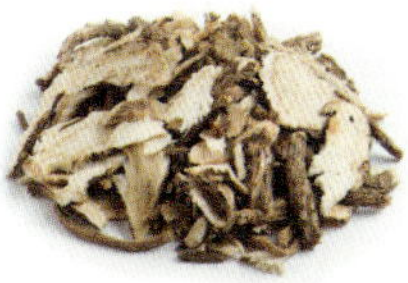

당귀(當歸)

당귀의 성질은 따뜻하고(溫) 달며(甘) 맵고(辛) 독이 없다. 당귀는 피가 부족할 때 피를 생성해 주는 보혈작용(補血作用)을 한다. 또한 약리학적으로 당귀는 관상동맥의 혈류량을 촉진시키고, 적혈구 생성을 왕성하게 하며 항산화작용, 기관지 천식에도 효과적이다.

대추(棗)

대추의 성질은 따뜻하며(溫) 단맛(甘)을 갖는다. 비위의 기능을 보충하고 혈액을 더하여 정신을 안정시켜 주며 한방에서는 이뇨 · 강장(强壯) · 완화제(緩和劑)로 쓰인다.

맥문동(麥門冬)

백합과에 속한 식물로서 뿌리의 생김이 보리(麥)와 비슷하고 잎사귀는 겨울(冬)에도 시들지 않아 맥문동이라 한다. 성질은 약간 차며(微寒) 맛은 약간 달고(微甘) 쓰다(苦). 기침이나 갈증, 열병으로 인한 땀과 입안이 마를 때 등 일반적으로 몸이 허약할 때 쓰며 협심증에도 사용한다.

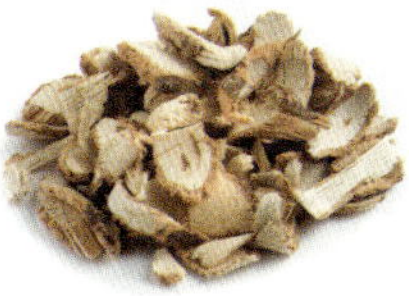

목통(木通)

목통의 성질은 차고(寒) 맛은 쓰며(苦) 독이 없다. 목통은 방광의 습열로 인한 신우신염 · 방광염 · 요도염으로 복수가 찰 때, 심화(心火)로 입안에 발진이 날 때, 가슴앓이, 소변이 붉을 때, 마비동통 등에 사용한다. 또한 산후 유즙분비를 촉진해서 젖이 잘 돌게 한다.

복령(茯笭)

땅속에서 소나무 등의 나무뿌리에 기생한다. 백색인 것을 백복령(白茯笭), 적색인 것을 적복령(赤茯笭)이라 한다. 성질이 평(平)하여 보(補)하는 작용이 있고 맛은 달고(甘) 심심하다. 옛날부터 강장제로 사용되었으며 폐경(肺經), 비경(脾經), 심경(心經), 신경(腎經), 방광경(膀胱經)에 작용하여 비장을 보하고 가래를 삭이며 정신을 안정시킨다.

산수유(山茱萸)

산수유의 성질은 약간 따뜻하고(微溫) 맛은 시다(酸). 예로부터 한방에서는 과육을 약용하였는데, 과육(果肉)에는 로가닌(Loganin) · 탄닌(tannin) · 사포닌(Saponin) 등의 배당체와 포도주산 · 사과산 · 주석산 등의 유기산이 함유되어 있고, 그밖에 비타민 A와 다량의 당(糖)도 포함되어 있다. 두통 · 이명(耳鳴) · 해수병 · 해열 · 월경과다 등에 약재로 쓰이며 식은땀 · 야뇨증 등의 민간요법에도 사용된다.

산약(山藥)

서여(薯蕷)라고도 하며 성질이 비교적 따뜻하다(溫). 산약의 성분은 전분(澱粉) · 점액질(粘液質) · 단백질 · 지방 등과 디아스타제(diastase)를 함유하고 있으며, 지라(脾臟) · 폐 · 콩팥(腎臟) · 위 · 간의 경락(經絡)에도 작용한다. 소화불량 · 설사에 좋으며, 기력을 증진시키며 강장 · 미용 · 해열 등의 작용이 있으며 근육과 골격, 심장, 뇌 등을 튼튼하게 한다.

사인(砂仁)

사인은 생강과 축사라는 나무의 열매로 성질은 서늘하고(凉) 매우며(辛) 쓴(苦)기운이 있다. 일체의 기(氣)와 심복통(心腹痛)을 치료하고 비위(脾胃)를 따뜻하게 해준다.

살구씨(杏仁)

살구씨의 성질은 소독(小毒)이 있어 너무 많이 먹으면 설사를 하게 된다. 주로 폐에 작용하는 약재로 폐에 기가 올라와 생기는 기침을 막아주며 기미를 없애주고 피부재생능력이 뛰어나 피부 노화를 막아준다. 또한 필수 불포화 지방산이 많이 함유되어 피부를 윤기 있고 희게 하며 혈액 순환을 촉진하여 준다.

숙지황(熟地黃)

숙지황은 사물탕의 주요 약재로 뿌리를 한방에서 약재로 쓰는데 날것을 생지황, 말린 것을 건지황이라 한다. 성질은 따뜻하고(溫) 맛은 달며(甘) 쓴맛(苦)이 돌아 혈을 보(補)하고 정(精)을 보충해서 허리와 무릎이 시리고 아픈 증상이나 월경이상 · 어지럼증 등을 치료하고 머리를 검게 하는 효능이 있다.

속단(續斷)

성질은 약간 따뜻하고(微溫) 맛있고 매우며(苦) 독이 없다. 아픔을 그치고 살을 돋아나게 하며 근골을 이어주기 때문에 속단이라고 부르며, 기(氣)를 돕고 산후(産後)에 일체의 병을 조절해 준다.

삼백초(三白草)

열매는 둥글고 종자가 각 실에 1개씩 들어 있다. 뿌리 · 잎 · 꽃이 흰색이기 때문에 삼백초라고 한다. 성질은 차갑고(寒) 맛은 달고(甘) 맵다(辛). 한방에서는 식물체 전체를 말려 몸이 붓고 소변이 잘 안 나올 때 쓰고, 노화방지 · 황달 · 간염 등에도 사용한다.

솔잎(松葉)

솔잎은 예로부터 뇌 기능을 맑게 하고 심장을 튼튼하게 한다 하여 선인식(仙人食)으로까지 불렸다. 솔잎에는 비타민A · C · K, 엽록소, 칼슘, 철분 등 다양한 영양성분이 들어 있으며 체내의 콜레스테롤 수치를 내리고, 말초신경을 확장시켜 고혈압이나 심근경색 등에 효과적이다.

순채(蓴菜)

부규, 순나물이라고도 부르며 연못에서 자란다. 우무 같은 점질로 싸인 어린 순을 식용하는데 한방에서는 어린잎을 지혈(止血), 건위(健胃), 이뇨(利尿)에 약용한다.

인삼(人蔘)

뿌리는 약용하며 그 형태가 사람 형상이므로 인삼이라 한다. 인삼은 예로부터 불로 · 장생, 익기(益氣), 경신(輕身)의 명약으로 일컬어진다. 성질은 약간 따뜻하고(微溫) 맛이 달며(甘) 독이 없다. 오장(五臟)의 기(氣)가 모자라는 것을 치료하고, 정신을 안정시키며 눈을 밝게 하고 폐위(肺痿)의 담을 치료한다.

음양곽(陰陽藿 : 삼지구엽초)

성질은 따뜻하고(溫) 맛이 매우며(苦) 독이 없다. 일명 삼지구엽초라 하여 산과 들에서 나고 강장 및 자양강장제로 잘 알려져 있어 차로 이용을 많이 한다.

용안육(龍眼肉)

용안(龍眼)은 말그대로 용의 눈이란 뜻으로 열매가 동물의 눈처럼 생겼고 열매의 껍질에 해당하는 가종피가 두터워 붙여진 이름이다. 성질이 따뜻하고(溫) 맛은 달다(甘). 비위를 보하여 준다. 지나치게 생각을 많이 하여 건망증이 있거나, 심장이 불규칙하게 뛰거나, 소화력이 떨어지는 사람에게 좋다. 항균 · 항암 · 항노화 · 항산화 · 강장작용 등이 있다.

유근피(楡根皮)

느릅나무를 한자로는 유(楡)라고 하고 껍질은 유피(楡皮) 또는 유백피(楡白皮), 뿌리 껍질은 유근피(楡根皮)라고 한다. 성질이 고르고 맛이 달며(甘) 독이 없다. 유근피(느릅나무 뿌리껍질)는 예로부터 위장병 치료에 널리 쓰여 온 약재로 보리차 대용으로 마실 수 있으며 불면증과 이뇨작용에 효과가 있고 종창이나 종기의 치료에도 탁월한 효과가 있다.

영지(靈芝)

신령스러운 버섯이라는 뜻의 영지(靈芝)는 많이 복용하여도 절대 몸에 손해나 부작용이 나타나지 않고 오히려 몸을 가볍고 튼튼하게 만든다 하며, 한의학에서 신경쇠약이나 불면증 그리고 소화불량은 물론이고 각종 만성 질환에 사용되는 경우가 많다.

연자육(蓮子肉)

연자육은 연꽃의 씨로 성질은 보통(平)이며 맛은 달고(甘) 떫다. 영양 상태를 좋게 하며 비장과 신장을 보하고 흥분 상태를 가라앉히며 설사를 멈추게 하는 효능이 있다. 또한 신체허약, 위무력증(胃無力症), 불면(不眠)증 등의 여러 증세에 주된 치료제로 사용한다.

육종용(肉蓯蓉)

중앙아시아 높은 산 음지에 기생하며 성질은 따뜻하고(溫) 맛은 달며(甘) 시고(酸) 짜고(鹹) 조금은 쓰다. 육종용은 양기를 보하며 장이 건조하여 생긴 변비, 요통, 다리의 연약증 · 무력증, 불임, 하복부 냉증, 대출혈, 변비 등에 쓰인다.

우슬(牛膝 :쇠무릎)

약초의 마디의 생김새가 마치 소의 무릎을 닮아 우슬(牛膝)이라 불렀다고 하며 냄새가 거의 없고 점액성이다. 성질은 어느 한쪽으로 치우치지 않고 평하고(平) 맛은 약간 쓰고(苦) 시다(酸). 우슬은 생것을 쓰면 어혈과 종기를 없애고, 찌면 간과 신장을 보해 근육 · 골격을 튼튼하게 한다. 어혈을 제거해 줌으로써 생리불순과 산후복통에 쓴다.

오가피(五加皮)

오가피는 잎이 다섯 개로 갈라져 있으며 성질은 따뜻하고(溫) 맛은 맵고(辛) 쓰다(苦). 오가피는 간과 신장의 기운을 보하여 힘줄과 뼈를 튼튼하게 하므로 사지마비 및 허리와 무릎의 연약증상, 하지무력감, 골절상, 타박상, 부종 등에 쓰인다.

오미자(五味子)

오미자의 성질은 따뜻하고(微溫) 맛은 시다(酸). 껍질과 살은 달고 시며 씨 속은 맵고 쓰고 모두 합하면 5가지 맛이 있으니 이것은 오미(五味)가 갖추어진 열매이기 때문에 오미자(五味子)라 한다. 사과산(malic acid) · 시트르산(citric acid) 등의 성분이 들어 있어 심장을 강하게 하고 혈압을 내리며 면역력을 높여 주어 강장제로 쓰며, 폐 기능을 강하게 하고 기침이나 갈증 등을 치료하는 데 도움이 된다.

의이인(薏苡仁 : 율무)

의이인은 율무의 종피를 제거한 씨를 말하며, 성질이 약간 차고(凉) 맛이 달며(甘) 독이 없다. 의이인은 수종 · 각기 · 비위허약으로 소변이 잘 나오지 않는 증상, 설사나 식욕부진 등에 쓰인다. 사지마비, 동통, 근육통, 해열, 배농, 맹장염 등에도 사용한다.

계피(桂皮)

다른 이름으로 육계피(肉桂皮), 관계(官桂)라고도 부르며 특이한 냄새가 있다. 성질은 뜨겁고(熱) 맛이 맵고(辛) 달다(甘). 계피는 혈액순환을 촉진시켜 주어 흉복부의 냉증을 제거하며 식욕을 증진시키고 소화를 촉진시켜 주는 데 사용한다.

지초(紫草 : 지초뿌리)

성질이 약간 차고(凉) 맛이 쓰며(苦) 독이 없다. 여러 곳의 산과 들에서 나며 자주색의 물감으로 쓰고 3월에 뿌리를 채취하여 그늘에 말려서 쓴다. 장염, 해열, 배앓이, 해독, 청열 작용이 있으며 상처나 화상치료 등 연고제로도 사용한다.

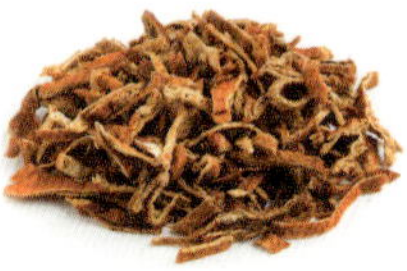

진피(橘皮)

귤껍질 말린 것을 한방에서는 진피라 하며, 이것은 가래를 제거하고 기침에 효과가 있으며, 혈액순환 장애, 스트레스 등에 좋은 효과가 있다. 그리고 비타민 C의 저장고이며 피로 회복이나 신진대사를 활발하게 해주고 동맥경화를 예방해 주며 혈압을 안정시키는 작용도 한다.

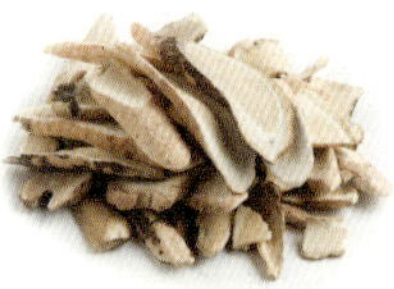

작약(芍藥 : 함박꽃뿌리)

산중 함박꽃 뿌리를 지칭하는 약재명으로 성질이 고르며 맛이 쓰고(鹹) 시며(酸) 약간의 독이 있다. 여자의 일체 병증과 임신전이나 산후 등에 쓰이며 비장과 기를 보충하고 복통 · 설사예방과 경락에 모인 한기를 몰아내 준다.

천궁(川芎)

성질은 따뜻하고(溫) 맛은 맵다(辛). 진정 · 진통 · 강장에 효능이 있어 한방에서는 뿌리줄기를 두통 · 빈혈증 · 부인병 등에 사용하며 항균 작용 및 항진균 작용을 한다. 여성들의 기미나 주근깨 등 얼굴 잡티가 많은 사람에게도 효과적이다.

포공영(蒲公英)

포공영은 민들레를 통째로 말린 것을 가리킨다. 꽃이 금비녀의 머리처럼 생겨서 금잠초(金簪草)라고도 하고 성질은 차고(寒) 맛은 쓰면서도(苦) 달다(甘). 포공영은 열독을 내리고 종기를 삭히는 약으로 종창, 유방염, 인후염, 맹장염, 폐농양, 복막염 등에 쓰이고 안구충혈, 급성간염, 황달, 열로 인해 소변을 보지 못하는 증상에도 사용한다.

홍화(紅花)

'잇꽃' 이라고도 부르며 이른 아침 이슬에 젖었을 때 꽃을 따서 말린 것을 홍화라고 한다. 한방에서는 부인병 · 통경 · 복통에 쓰며 종자에서 짠 기름에는 리놀산(linolic acid)이 많이 들어 있어 콜레스테롤로 인한 동맥경화증의 예방과 치료에 좋다.

황기(黃芪)

단너삼이라고도 부르며 성질이 약간 따뜻하고(溫) 맛이 달며(甘) 독이 없어 기를 더하여 살을 길러주고 한열(寒熱)을 멎게 한다. 강장 · 지한(止汗) · 이뇨(利尿) · 소종(消腫) 등의 효능이 있어 신체허약 · 피로권태 · 기혈허탈(氣血虛脫) · 식은땀 · 말초신경 등에 처방한다.

황정(黃精 : 둥굴레)

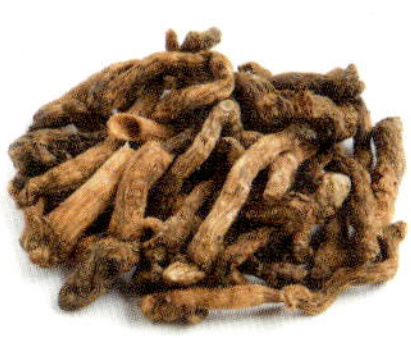

황정은 둥굴레라고도 부르며 그 성질이 평(平)하고 맛은 달다(甘). 주로 비장을 보하고 폐를 윤택하게 하며 온몸이 나른하고 무기력한 증상을 완화시킨다. 특히 근육과 뼈의 무력증에 뛰어난 효과를 보이며, 풍습에 의한 통증을 치료하기도 한다.

황정에는 다당(多糖), 아미노산, 니코틴산 등 인체에 유익한 성분이 함유돼 있는 것으로 알려져 있다.

하수오(何首烏)

황해도와 강원도에서 나는데 성질이 고르고 따뜻하며(溫) 맛이 쓰고(苦) 깔깔하며 독이 없다. 혈기(血氣)를 더해 주며 근육과 뼈를 튼튼하게 해주며 머리털을 검게 만들어 주는 것으로 알려져 있다.

하고초(夏枯草 : 제비풀)

성질이 차고(寒) 맛이 쓰고(苦) 매우며(辛) 독이 없다. 겨울에도 마르지 않고 봄에 흰 꽃이 피며 5월이 되면 마르기 때문에 4월에 채취해서 쓴다. 하고초는 눈이 잘 충혈되거나 붓는 증상에 효과적이다.

9. 음식궁합

1. 좋은 궁합

두부와 미역국

콩에 함유된 사포닌은 항암효과와 과산화 지질을 막아주는 성분이지만 체내에 들어오면 요오드를 몸 밖으로 배출하므로 요오드가 풍부하며 피를 맑게 해주는 미역을 함께 먹는 것이 좋다.

된장과 부추

콩을 발효시킨 된장은 나트륨 함량이 너무 높고 비타민 A와 C가 부족하다. 이를 보충하기 위해서는 부추로 같이 끓이면 칼륨이 나트륨의 균형을 조절해 주고 부족한 영양소도 보완해 준다.

무와 생선회

생선회나 구이에 무를 같이 곁들이는 것은 비린내를 제거해 주고 산성식품인 생선을 알칼리성인 무가 중화시켜 주기 때문이다.

닭고기와 인삼

스트레스를 받거나 더위를 느끼게 되면 단백질과 비타민을 충분히 섭취해야 하는데 이때 닭고기와 인삼을 넣은 삼계탕이 좋다. 닭고기는 성질이 따뜻하고 기운을 나게 해주며 오장(五臟)을 편하게 해준다. 또한 소화흡수가 잘 되고 필수아미노산의 함량이 많다. 스트레스 해소에 좋은 인삼을 넣어 끓이면 누린내도 없애주고 스트레스 해소에 효과가 있다.

복어와 미나리

복어는 지방이 적고 양질의 단백질이 많아 먹으면 엄동설한의 추위도 잊는다고 한다. 그러나 복어에는 테트로도톡신(tetrodotoxin)이라는 독이 있는데 그 독성이 강력하여 가열해도 없어지지 않으며 0.5mg만 먹어도 사망에 이르게 되는 맹독성이다. 복요리 중 복어탕에 미나리를 곁들이면 맛뿐만 아니라 해독의 효과를 어느 정도 기대할 수 있어 좋다.

찹쌀과 대추 · 잣

약식의 주재료인 찹쌀은 소화흡수율이 거의 100%에 이르며 소량의 단백질도 가지고 있다. 그러나 쌀에는 지방이 적으며 칼슘, 철분, 섬유질의 함량이 적으므로 이러한 결점을 대추와 잣이 보완해 준다.

장어와 생강

생강은 고지방(18%) 고단백(20%)인 장어의 소화흡수를 도와주며 특유의 향으로 비린내를 없애며 입맛을 신선하고 산뜻하게 바꿔준다.

조개와 쑥갓

쑥갓은 칼슘이 많고 비타민 A와 C가 풍부한 알칼리성 식품이다. 엽록소가 풍부해서 적혈구 형성에 도움을 주고 혈중 콜레스테롤을 낮춰주는 효과가 있어 건강유지에 매우 큰 몫을 담당하고 있다. 엽록소, 비타민 A · C 등은 조개류에는 전혀 없는 것이다. 그러므로 조개탕에 쑥갓을 곁들이면 좋다.

미꾸라지와 산초가루

스태미너 음식인 추어탕에 들어가는 미꾸라지는 흙냄새와 비린내가 많아 요리를 한 후에도 냄새가 없어지지 않는다. 이때 산초가루를 사용하면 그 냄새를 없앨 수 있다.

쇠고기와 깻잎

쇠고기의 주성분은 단백질이며 칼슘과 비타민 A가 매우 적고 비타민 C는 없다. 그러나 깻잎에는 칼슘과 철분, 비타민 A와 C가 많이 들어 있다. 쇠고기에는 성인병의 원인이 되는 콜레스테롤이 많은데 참기름과 같은 식물성 기름과 함께 먹으면 콜레스테롤이 혈관에 침착하는 것을 예방해 주고 섬유소를 가지고 있어 고기를 많이 먹었을 때 생기기 쉬운 변비를 예방하는 효과도 크다.

적포도주와 고기

붉은 색을 띠는 육류와 적포도주를 마시게 되면 탄닌(tannin)성분과 폴리페놀(polyphenol) 때문에 느끼한 맛을 덜어 주며 고기맛을 잘 느낄 수 있다. 포도주를 식사 때 마시면 소화액이 더 분비되고 식욕도 더 좋아진다.

냉면과 식초

냉면 육수는 무를 얄팍하게 저며 썬 동치미 국물과 양지머리를 삶고 기름기를 걷어 낸 육수를 반 비율로 섞어 소금과 설탕으로 간을 맞춘 다음에 식초를 넣는다. 독특한 신맛을 가진 식초는 중요한 조미료이면서 피로 회복제로서의 효능도 갖고 있다. 또한 여름철 기승을 부리는 식중독균은 식품이나 육수가 중성일 때 번식이 잘 되고 새콤한 맛을 갖는 산성 상태가 되면 생활 조건이 맞지 않아 번식이 잘 안 된다. 이는 식초가 살균력을 가지고 있기 때문이다. 그러므로 여름철 세균 수가 많아짐으로써 식중독의 위험성이 있는 냉면에 식초를 타서 먹으면 풍미와 위생 및 영양의 세 가지를 잘 조정해 줄 수 있다.

돼지고기와 새우젓

삶은 돼지고기를 가장 맛있게 먹는 방법은 새우젓에 찍어 먹는 것이다. 기름진 돼지고기에 짭짤한 새우젓을 곁들이면 고기의 맛도 좋아질 뿐 아니라 소화도 잘 된다. 돼지고기의 주성분은 단백질과 지방으로 단백질이 소화되면서 필요한 것이 단백질 분해효소인 프로타아제다. 그런데 새우젓은 발효되는 동안에 대단히 많은 양의 프로테아제(protease)가 생성되어 소화제 구실을 하게 되므로 기름진 돼지고기의 소화를 크게 도와준다.

옥수수와 우유

옥수수는 단백질을 구성하고 있는 아미노산의 질이 많이 떨어진다. 즉 트레오닌(threonine)이나 페닐알라닌(phenylalanine), 메티오닌(methionine)과 시스틴(cystine) 등은 풍부하나 필수아미노산인 트립토판(tryptophane)과 리신(lysine)이 거의 없어 있어 영양가가 떨어진다. 이런 결점을 보완할 수 있는 가장 우수한 식품이 우유다. 우유는 필수아미노산이 골고루 들어 있으며, 특히 옥수수에 적은 리신과 트립토판의 공급식품으로 옥수수를 먹을 때 우유를 곁들이면 영양 균형을 잡아 줄 수가 있다.

감자와 치즈

치즈는 단백질과 지방이 풍부한 고열량 식품이면서 소화가 잘 되는 특색을 가지고 있다. 비타민 A · B · B_2, 니아신(niacin) 등이 있고 칼슘과 인 등이 풍부해 감자와 먹으면 상호 보완의 작용이 있어 영양의 상승효과가 높아진다.

굴과 레몬

굴은 세균이 번식하기 쉬울 뿐만 아니라 자가효소가 많이 들어 있어 시간이 지나면 성분의 변화를 일으켜 탄력이 떨어져 축 처지게 된다. 이러한 결점을 보완하는 재료가 레몬이다. 굴에 레몬즙을 떨어뜨리면 나쁜 냄새가 없어지고 굴에 있는 구연산(citric acid)은 식중독 세균의 번식을 억제하며 살균효과를 가지고 있으며 철분의 흡수 이용률을 향상시켜 준다.

콩국수

밀가루 중의 단백질을 구성하는 필수아미노산을 보면 리신(lysine), 메티오닌(methionine), 트레오닌(threonine), 트립토판(tryptophane) 등의 함량이 매우 적은데 콩에는 이들 필수아미노산이 3~5배나 더 들어 있다. 또 콩에는 밀에 매우 적은 비타민B_1 · B_2 등 B군이 많고 A와 D도 들어 있으므로 땀을 많이 흘리고 식욕이 떨어지는 여름철에 콩국은 힘을 내게 하는 건강식이다.

생강과 찹쌀

장이 안 좋아 설사를 잘 일으키는 사람에게 좋은 것이 생강찹쌀미음이다. 생강은 몸을 따뜻하게 하고 살균작용도 있으며 위를 보호하는 작용이 있어 몸이나 배가 냉해서 설사를 자주 할 때 좋은 식품이다. 생강 한 쪽을 불린 찹쌀 한 컵과 함께 푹 끓인 다음, 체에 걸러 미음만 마시면 몸이 따뜻해지므로 배가 아픈 사람에게 좋다.

당근과 식용유

비타민 A와 카로틴(carotine)은 열에 비교적 강하며, 특히 비타민 A는 지용성이므로 기름으로 조리해서 먹는 편이 훨씬 영양효과를 향상시킨다. 당근에는 비타민 C를 파괴하는 아스코르비나아제(ascorbinase)가 함유되어 있으나 이 효소는 열에 약하기 때문에 당근을 익히거나 튀기면 그 힘이 없어지므로 익히거나 기름을 넣어 조리하여 먹는 것이 좋다.

홍어와 막걸리

가오리, 홍어, 상어는 모두 뼈가 연골로 구성되어 있으며 질소화합 물질인 요소(urea), 암모니아(ammonia), 트리메틸아민(trimethylamine) 등을 많이 가지고 있어 자극적인 맛을 갖는다. 입 안 가득히 퍼지는 암모니아의 자극을 중화시키는데 안성맞춤인 것이 막걸리다. 막걸리에는 자극성분을 완충시키는 단백질(1.9%)이 들어 있고, 알칼리성인 암모니아를 중화시키는 유기산이 함유되어 있다.

육회와 배

쇠고기는 육회를 해서 날것으로 먹으면 기운을 차리게 하고 보신(補身)용으로 좋다고 해서 즐겨 먹어온 음식이다. 육회를 할 때는 배가 중요한 부재료로 쓰이는데 배는 89%가 수분이며 소화 효소가 들어 있어 고기의 소화를 도와주고 해열작용도 하므로 열로 인한 증상의 완화에 도움을 준다. 또한 배에 석세포가 들어 있어 변통예방에 큰 도움을 준다.

닭고기와 옻

닭의 내장을 제거하고 뱃속에 옻나무 껍질을 100g 정도 넣어 삼계탕 끓이듯이 끓여 먹게 되면 강장효과가 크다고 하며, 손발이 차고 월경이 불규칙한 여성에게 권장되어 왔다.

돼지고기와 비지

돼지고기와 비지를 넣어 찌개를 끓이면 콩에 들어 있는 불포화지방산과 비타민 E 등이 콜레스테롤을 제거해 주며 심혈관계 질환을 예방해주는데 한몫을 하므로 잘 어울린다고 할 수 있다.

황태와 달걀

명태 말린 것을 북어라고 하는데 그 중에서도 품질이 가장 좋은 건명태를 황태라고 한다. 황태는 영하 20℃의 추위에서 눈보라를 맞으며 얼리고 녹이는 작업을 되풀이하고 말리는 과정에서 빛이 누렇고 살이 연하게 된 최상품의 북어를 이르는 말이다. 과음한 후 아침에 마시는 해장국으로 북어국을 끓이게 되면 맛이 개운하고, 간을 보호해 준다. 메티오닌(methionine)과 같은 아미노산이 많이 들어 있어 좋다. 이때 달걀을 넣어주면 북어가 가지고 있는 단백질의 영양을 상승시켜 효율을 높여주기 때문에 더할 나위 없이 좋다.

가자미식해와 무

가자미는 횟감으로 많이 애용되는데 이를 이용한 함경도 지방의 향토음식으로 가자미식해가 있다. 가자미를 절인 후 좁쌀밥과 무 및 엿기름 가루 등을 넣어 버무린 발효음식으로 가자미에 있는 단백질이 가수분해 되어서 펩티드(peptide), 아미노산, 유기산이 생성되어 고유한 맛을 줄 뿐 아니라 무가 들어가서 소화가 잘되고 맛도 달고 상쾌한 맛을 주므로 서로 잘 어울린다.

미더덕과 콩나물

멍게의 한 종류로 모양이 바다에서 나는 더덕과 같이 생겼다고 해서 미더덕이라 부른다. 미더덕찜을 만들 때 콩나물을 넣으면 비타민C를 보완해 주어 영양의 균형도 잡아주고 씹히는 촉감과 맛이 잘 어울린다.

증편과 석이버섯

증편은 멥쌀가루를 술로 반죽하여 더운 곳에 두어 부풀어 오르면 틀에 보자기를 펴고 반죽을 국자로 떠 담으며 반죽 위에 잣, 밤, 대추채, 석이버섯채를 뿌려 장식한 뒤에 찌는 떡이다. 석이버섯은 시력과 피부가 고와진다고 알려져 있으며 칼륨, 칼슘, 철 등이 들어 있는데 고명으로 올리면 시각적인 효과가 크다. 쌀이 가지고 있는 산성 영양성분과 석이버섯의 알칼리성 영양성분이 중화되어 잘 어울린다.

송화와 꿀

송화는 솔꽃가루를 말하며 솔잎향기가 풍기고 황색을 띤다. 솔잎이나 화분은 예로부터 신선들이 즐겨 먹는 식품이라 하였으며 송화를 꿀에 섞어 만들어 먹은 것이 송화다식이다. 송화는 수렴작용이 있어 변비를 일으키기 쉬운데 꿀은 반대로 습윤작용을 하여 송화의 수렴작용을 완화시켜 준다. 또한 다식은 시간이 지나면 굳게 되는데 꿀의 보습력으로 인해 다식의 굳는 것과 단맛을 통해 부드러움을 주므로 서로 잘 어울린다.

간과 우유

간에는 비타민 B복합체, 철, 구리, 망간, 인, 칼슘 등 빈혈이나 스태미너 증강에 필요한 무기질이 다른 식품에 비교가 안 될 정도로 많지만 각종 효소가 함유되어 있어 선도유지가 어렵다. 간을 조리하면 영양소 손실이 많지 않으나 간의 탄력성과 유연성이 변해서 씹는 촉감이 다르고 간의 독특한 냄새로 기호성이 떨어지는 단점이 있다. 따라서 조리할 때 우유에 간을 한동안 담가 두면 우유의 미세한 단백질 입자가 간의 좋지 못한 성분에 흡착하여 간의 나쁜 냄새와 맛을 제거해 준다.

수정과와 잣

계피와 생강을 넣고 끓인 수정과에 잣을 띄워 먹는 것은 시각적인 효과도 있지만 잣에 들어 있는 지방이 곶감으로 인한 변비를 예방하는 효과가 있기 때문이다. 감이나 곶감을 많이 먹으면 몸이 냉해진다고 알려져 왔는데, 이것은 감의 탄닌(tannin)이 다른 식품 중의 철분과 결합해서 체내 흡수를 방해한다고 해서 생긴 말이다. 그런데 다른 견과류보다도 잣에는 철분의 함량이 많아 수정과에 잣을 띄워 먹으면 빈혈을 막는 효과가 있어 잘 어울린다.

선짓국과 우거지

철분이 많은 식품 중의 으뜸은 혈액이기 때문에 빈혈 예방식품으로 선짓국이 좋다. 고단백이면서 철분의 함량이 많은 재료인 선지는 많이 섭취하게 되면 변비 증세를 보이는 것이 결점이다. 따라서 선짓국을 끓일 때 우거지 또는 무와 콩나물 등 채소를 많이 넣으면 좋다. 특히 우거지와 콩나물 등 채소에는 비타민과 무기질이 풍부할 뿐 아니라 펙틴(pectin), 섬유소, 리그닌(lignin) 등 식이성 섬유소가 풍부하다. 따라서 조혈에 도움을 주는 성분과 철분의 흡수를 도와주는 성분 그리고 변비 예방이 큰 우거지와 선지를 넣어 끓인 선짓국은 궁합이 잘 맞는 음식이다.

초콜릿과 아몬드

초콜릿 성분인 테오브로민(theobromine)은 생리작용을 해서 피로회복 효과가 있다. 그러나 조금만 온도가 높아져도 눅눅해지고 모양이 변하므로 안에 넣어 주게 된 것이 아몬드다. 아몬드에는 인지질인 레시틴이 많이 들어 있어 초콜릿 성분인 테오브로민이 뇌나 중추신경에 주는 자극을 중화 · 억제하는 효과를 내므로 잘 어울리는 식품이다.

연근과 식초

연의 뿌리를 연근이라고 부르며 갈변 현상을 일으키므로 식초를 넣고 삶으면 잡맛도 빠지고 빛깔도 선명해진다. 식초는 연근의 변색을 막을 뿐 아니라 유효성분의 손실을 방지하는 성질을 가지고 있어 서로 잘 어울리는 식품이다.

팥죽과 새알심

1년 중 밤이 가장 길고 낮이 가장 짧은 날인 동짓날 팥죽을 먹는데 햇팥을 푹 고아 거르고 찹쌀반죽을 만들어 새알 모양의 단자를 넣어 함께 끓인다. 찹쌀은 전분이 주성분을 이루고 B_1이 부족한데 곡류 중에는 팥이 많이 가지고 있으므로 조화를 이룬다. 또한 유동식인 죽은 부드러워 씹는 촉감이 없는데 새알심을 넣어 줌으로써 조직감의 변화를 주므로 맛을 돋워 주게 된다.

재첩과 부추

질 좋은 단백질을 함유하는 재첩은 칼슘, 철, 인, 비타민B_1 · B_{12}가 풍부하다. 특히 비타민 B_{12}는 수용성으로 국물에 잘 우러나오므로 재첩국을 끓여 먹으면 좋다. 그러나 비타민 A의 함량이 적으므로 비타민 A의 모체인 베타카로틴이 많은 부추를 넣어 재첩국을 끓이면 좋다.

딸기와 우유

딸기 100g 에는 단백질이 0.9g, 지방이 0.2g밖에 들어 있지 않기 때문에 우유와 섞어 먹으면 딸기의 자극적인 신맛을 중화해 주므로 먹기가 수월해지고 단백질과 지방 등이 보강되어 영양균형을 이룰 수 있게 된다. 따라서 우유나 딸기를 따로 먹는 것보다 딸기와 우유를 섞어 먹으면 소화 흡수율이 훨씬 향상된다.

2. 나쁜 궁합

도토리묵과 감

도토리묵은 열량이 적고 포만감을 줄 수가 있어 비만인 사람에게 좋은 식품이지만 탄닌이 있어 변비가 있는 사람은 먹지 않는 것이 좋다. 또한 도토리묵을 먹은 후에 감이나 곶감을 먹는 것은 좋지 않다. 그 이유는 감이나 곶감에도 탄닌이 존재하기 때문이다. 이렇게 탄닌이 많은 식품을 먹으면 변비가 심해지게 되고 적혈구를 만드는 철분이 탄닌과 결합해서 소화흡수를 방해하기 때문이다.

토마토와 설탕

토마토에 설탕을 뿌려주면 단맛이 있어 먹기는 좋지만 영양 손실이 커진다. 그 이유는 토마토가 가지고 있는 비타민 B는 인체에서 당질 대사를 원활히 하여 열량 발생 효율을 높여 주게 되는데 설탕을 넣은 토마토를 먹으면 비타민 B가 설탕대사에 밀려 그 효과를 잃어버리기 때문에 그대로 먹는 것이 가장 좋다.

미역과 파

미역국에 점질물이 많은 파를 섞으면 음식 맛을 느끼는 혀의 미뢰세포 표면을 뒤덮어 버리게 되므로 맛을 느끼기가 어려워진다. 또한 파의 성분을 보면 인, 철분, 유황이 많고 녹색 부분에는 비타민 A와 C도 많다. 인과 유황이 많은 파를 미역국에 섞으면 미역의 칼슘 흡수를 방해하므로 넣지 않는 것이 좋다.

팥과 소다

팥은 곡류 중에서 보기 드물게 비타민 B_1이 많다. 그러나 단단해서 오래 푹 삶아야 하는데 빨리 익히려고 소다를 넣고 가열하면 빨리 무르기는 하나 비타민 B_1이 파괴되므로 좋지 않다.

장어와 복숭아

장어는 고지방(18%), 고단백(20%) 식품으로 잘 알려져 있다. 특히 지방이 위에 머무는 시간이 길어 소화에 자칫 부담을 줄 수 있으며, 작게 유화가 되어 소장에서 리파아제(lipase)의 작용을 받아 소화가 된다. 그런데 복숭아를 같이 먹게 되면 새콤한 유기산이 장에 자극을 주고 지방이 소화되기 위해 작게 유화되는 것을 방해하여 자칫 설사를 일으키기 쉽다.

치즈와 콩

치즈는 단백질과 지방이 풍부한 영양식품일 뿐만 아니라 칼슘이 풍부한 식품이다. 콩도 고단백, 고지방 식품이지만 칼슘보다는 인산의 함량이 많다. 치즈와 콩류를 함께 먹으면 인산칼슘이 만들어져 밖으로 빠져나가 버리므로 같이 섭취하는 것은 좋지 않다.

오이와 무

오이에는 비타민 C가 많이 함유되어 있으며 또한 이를 파괴할 수 있는 아스코르비나아제(ascorbinase)도 존재하고 있어 무와 같이 섞어서 조리를 하면 비타민 C가 많이 파괴된다.

우유와 소금 · 설탕

우유에 소금이나 설탕을 넣어 마시는 경우가 있는데, 짜게 먹으면 건강상 문제가 생길 수 있으며 설탕을 넣으면 단맛 때문에 마시기는 좋겠으나 비타민 B_1의 손실이 커지므로 천천히 우유를 마시면 우유가 갖는 풍미를 음미할 수 있다.

홍차와 꿀

홍차에 꿀을 넣어 마시면 홍차 성분 중의 떫은 맛 성분인 탄닌이 꿀에 들어 있는 철분과 결합해서 인체가 흡수할 수 없는 탄닌산철로 변하기 때문에 홍차와 꿀은 궁합이 맞지 않는다.

시금치와 두부

시금치에는 수산이 들어있고 두부에는 칼슘이 다량 함유되어 있는데 이 옥살산과 칼슘이 결합하면 불용성의 수산칼슘이 생성되어 인체의 결석증을 유발하므로 궁합이 맞지 않는다.

로열젤리와 매실

로열젤리는 왕유(王乳)라고도 하며 꿀과는 다르다. 단백질이 훨씬 많고 지방산 · 아미노산이 많으며, 성장 촉진 비타민이라는 판토텐산이 많아 피로회복, 식욕증진, 병후회복, 정신안정 등 광범위한 효능을 보인다. 구연산이 가장 많은 매실은 신맛이 가장 강한 과일로 유해 세균의 발육을 억제해서 식중독을 예방하거나 치료하며 설사 · 변비 · 피로회복에 뛰어난 효능을 가지고 있다. 그런데 서로 다른 특성을 가지고 있는 로열젤리와 매실을 함께 먹거나 섞어 먹으면 로열젤리의 활성물질이 산도의 갑작스런 변화를 받게 되어 로열젤리의 효과가 없어지고 매실의 특성도 약화된다.

문어와 고사리

문어는 고단백질 식품으로 날것으로 먹지 않고 익혀서 먹거나 말려서 먹으며 씹는 맛은 있으나 소화가 잘 안 되는 것이 흠이다. 한편 고사리는 나물로 즐겨 먹는데, 섬유질이 3% 이상이어서 위장이 약한 사람은 소화불량을 초래하기 쉬우므로 문어와 함께 먹으면 문제가 생기기 쉽다.

바지락과 우엉

바지락은 철이 많이 들어 있어 빈혈예방에 좋은 식품이다. 그러나 우엉에는 섬유질이 많이 들어 있어 같이 섭취를 한다면 바지락의 철분 흡수를 방해하게 되므로 함께 먹지 않는 것이 좋다.

멸치와 시금치

칼슘 공급원으로 으뜸인 멸치는 성장기 어린이 및 노인들에게 권장하는 식품이다. 그러나 시금치에 들어있는 수산이 멸치의 칼슘과 결합하면서 신장결석과 담석증이 생기기 쉽기 때문에 같이 먹지 않는 것이 좋다.

산나물과 고춧가루

취나물, 머위와 같은 산나물은 각각 고유의 향기와 맛을 가지고 있는데 탄닌, 폴리페놀과 같은 떫은 맛도 있어 이러한 맛을 없애기 위해서 데치는 조리법을 많이 사용한다. 또한 깨소금, 간장, 기름 등을 이용하여 맛을 내는데 고춧가루를 사용하면 매운맛을 내는 캡사이신이 자극하게 되어 나물 고유의 맛을 느낄 수 없으므로 사용하지 않는 것이 좋다.

선짓국과 녹차

선시는 단백질과 철분이 많이 들어 있어 빈혈치료에 도움이 된다. 녹차에는 떫은 맛 성분인 탄닌이 들어 있기 때문에 선짓국을 먹은 후 녹차를 마시면 선지의 철분과 결합하여 탄닌산철을 만들기 때문에 철분의 이용도가 감소하므로 피하는 것이 좋다.

시금치와 근대

시금치와 근대에는 수산이 많이 함유되어 있는데 열에 매우 약해서 가열하면 탄산가스와 물로 분해되므로 데칠 때는 뚜껑을 열고 데친다. 수산은 인체 내에서 칼슘과 결합하면 결석이 만들어지기 때문에 시금치와 근대를 함께 먹는 것은 피하는 것이 좋다.

제2부
몸에 약이 되는 약선음식

1. 주식류
   죽, 밥, 국수

2. 찬품류
   샐러드 · 나물, 국 · 탕, 조림, 찜,
   구이 · 전, 편육 · 쌈, 김치

3. 떡 · 한과
4. 차

참마죽(山藥粥)

몸에 약이 되는 약선음식

찹쌀에 마를 갈아 넣고 끓인 죽으로 비장과 위장의 기능을 강화시켜 탈난 속을 달래주며 설사가 잦은 아이들에게 좋다. 주재료인 참마(山藥)는 기력을 더하게 하고 음을 자양(滋養)하는 효과가 있어 자주 복용하면 기(氣)와 음(陰)을 보하고 뇌기능을 튼튼히 하여 지혜를 더하게 한다.

재료 및 분량

찹쌀 1컵
마 100g, 당근 20g
다시마 20g, 물 7컵
소금 1작은술, 참기름 ½작은술, 통깨 ½작은술

만드는 방법

1. 찹쌀은 깨끗이 씻어 일어서 2시간 정도 물에 담갔다가 체에 밭친다.
2. 다시마는 면포로 닦는다. 냄비에 물을 붓고 끓으면 다시마를 넣고 불을 끈 다음 5분 정도 두었다가 다시마를 건진다.
3. 마는 깨끗이 씻어 껍질을 벗겨 강판에 갈고, 당근은 깨끗이 씻은 후 곱게 다진다.
4. 냄비를 달구어 참기름을 두르고 불린 찹쌀을 넣고 중불에서 2분 정도 투명하게 볶다가 다시마물을 붓고 센불에서 4분 정도 끓으면 중불로 낮추어 뚜껑을 덮고 가끔 저으면서 20분 정도 끓이다가 약불로 낮추어 갈아놓은 마와 당근을 넣고 뜸이 들도록 5분 정도 끓인다.
5. 죽이 잘 어우러지면 소금을 넣어 간을 하고 2분 정도 더 끓인 후 그릇에 담고 위에 통깨를 뿌린다.

Tip

* 당근을 넣은 후 단시간만 끓여야 색감이 살아있다.
* 마와 당근을 다져서 같이 끓이기도 한다.
* 쓰다가 남은 마는 랩에 싸서 냉장 보관한다.

대추죽(大棗粥)

몸에 약이 되는 약선음식

찹쌀에 곱게 다진 대추를 넣고 끓인 보양죽(補陽粥)으로 식은땀을 흘리는 아이들에게 적합한 음식이다. 주재료인 대추는 기(氣)를 더하고 혈(血)을 보충하며 오장(五臟)의 기운을 더하며 얼굴빛을 좋게 하고 노화를 막는다. 대추죽은 단맛이 은은하며 색깔도 곱다.

재료 및 분량

찹쌀 1컵
대추 40g
물 7컵
참기름 ½작은술, 소금 1작은술

만드는 방법

1. 찹쌀은 깨끗이 씻어 일어서 물에 2시간 정도 담갔다가 체에 밭친다.
2. 대추는 젖은 면포로 닦고 돌려깎은 후 씨를 빼고 곱게 다진다.
3. 냄비에 불린 찹쌀을 넣고 2분 정도 투명하게 볶다가 물을 부은 다음 센불에서 끓으면 대추를 넣고 중불로 낮추어 뚜껑을 덮고 가끔 저으면서 15분 정도 끓이다가 약불로 낮추어 5분 정도 끓인다.
4. 죽이 잘 어우러지면 소금을 넣어 간을 하고 2분 정도 더 끓인다.

Tip

* 대추 끓인 물을 넣어 끓일 수도 있다.
* 대추고(대추를 푹 고아서 체에 내려 걸쭉하게 졸인 것)를 넣고 끓일 수도 있다.

복령호두죽(茯笭胡桃粥)

몸에 약이 되는 약선음식

멥쌀에 호두와 복령가루를 넣고 끓인 죽으로 피부를 좋게 하며, 숨이 찬 기침, 허리와 무릎이 약하거나 변비가 있는 사람들에게 좋은 음식이다. 주재료인 복령(茯苓)은 체내대사를 원활히 하며, 소화기를 튼튼히 하여 설사를 멎게 하고 정신을 안정시켜 준다. 또한 호두(胡桃)는 허리를 튼튼하게 하고, 안색을 좋게 하여 노화를 방지한다.

재료 및 분량

멥쌀 1컵
복령가루 15g, 물 2큰술, 호두 6개
물 7컵, 소금 1작은술

만드는 방법

1. 멥쌀은 깨끗이 씻어 일어서 물에 2시간 정도 담갔다가 체에 밭친다.
2. 호두는 끓는 물에 데친 후 껍질을 벗기고 곱게 다진다.
3. 복령가루 물에 풀어한다.
4. 냄비에 불린 멥쌀을 넣고 물을 부은 다음, 센불에서 끓으면 중불로 낮추어 뚜껑을 덮고 가끔 지으면서 25분 정도 끓이다가 곱게 다진 호두를 넣고 2분 정도 더 끓인다.
5. 죽이 어우러지면 물에 풀은 복령가루와 소금을 넣어 간을 하고 2분 정도 더 끓인 후 그릇에 담고 다진 호두를 얹는다.

Tip

* 복령가루와 쌀을 같이 넣고 끓이면 멍울이 지므로 쌀알이 푹 퍼지면 복령가루를 넣는다.
* 호두를 갈아서 끓이기도 한다.
* 쌀을 반 정도 으깨서 끓이기도 한다.

인삼속미죽(人蔘粟米粥)

몸에 약이 되는 약선음식

좁쌀을 갈아서 인삼을 넣고 끓인 죽이다. 주재료인 조는 속미(粟米)라고도 부르며 출미(秫米)라고 부르는 차조와 좁쌀이라고도 부르는 메조가 있다. 좁쌀은 쌀에 비해 영양가가 월등하여 소화흡수가 잘 되고 배변을 촉진하며, 혈액순환 촉진 및 허약체질을 개선하여 소화력을 높여주므로 병약자의 원기회복을 도와준다. 또한 생강즙은 신물이 올라오는 것을 막아준다.

재료 및 분량

좁쌀 1컵, 물 5컵
인삼가루 20g, 생강즙 1큰술
대추 5개
물 2컵, 소금 1작은술

만드는 방법

1. 좁쌀은 깨끗이 씻어 일어서 물에 2시간 정도 담갔다가 체에 밭친다.
2. 생강은 깨끗이 씻어 껍질을 벗기고 강판에 갈아 즙을 낸다.
3. 믹서기에 좁쌀과 물을 붓고 갈아서 체에 내린다.
4. 냄비에 갈아 놓은 좁쌀과 생강즙, 대추를 넣고 나머지 물을 부은 다음 센불에서 끓으면 중불로 낮추어 뚜껑을 덮고 가끔 저어주면서 15분 정도 끓인다.
5. 죽이 어우러지면 인삼가루를 넣고 5분 정도 끓이다가 소금을 넣어 간을 하고 2분 정도 더 끓인다.

Tip

* 좁쌀을 갈아 죽을 끓일 때는 냄비 밑에 눌어붙지 않도록 자주 저어 주어야 한다.
* 서숙은 전라도 지방의 방언이다.

참깨죽

몸에 약이 되는 약선음식

멥쌀과 참깨를 갈아서 끓인 죽이다. 주재료인 참깨는 호마(胡麻), 향마(香麻)라고도 불리며 옛날부터 건강장수와 정력증강의 효과가 있다고 알려져 있다. 리놀레산(linoleic acid)과 레시틴(lecithin)이 많아 동맥경화와 고혈압 환자에게 좋으며 뇌의 활동을 원활하게 해주어 성장기 어린이나 노인에게도 좋은 식품이다

재료 및 분량

멥쌀 1컵, 물 1컵
참깨 1컵, 물 1½컵
물 5컵, 소금 1작은술

만드는 방법

1. 멥쌀은 깨끗이 씻어 일어서 물에 2시간 정도 담갔다가 체에 밭친다.
2. 참깨를 물에 1시간 정도 불려 껍질을 벗기고 깨끗이 씻어 일어서 체에 밭쳐 물기를 뺀다. 팬을 달구어 약불에서 5분 정도 볶는다.
3. 믹서기에 불린 멥쌀과 참깨를 넣고 물을 각각 붓고 갈아서 체에 거른다.
4. 냄비에 갈아 놓은 쌀을 넣고 물을 부은 다음, 센불에서 끓으면 중불로 불을 낮추어 뚜껑을 덮고 가끔 저으면서 15분 정도 끓이다가 갈아놓은 참깨물을 넣고 5분 정도 더 끓인다.
5. 죽이 어우러지면 소금을 넣어 간을 하고 2분 정도 더 끓인다.

Tip

* 참깨는 불려서 껍질을 벗기고 씻어 일어서 쓰는 것이 깨끗하고 고소하다.
* 씻어 말린 참깨는 물에 10분 정도 담갔다가 볶아야 타지 않고 잘 볶아진다.

영지아욱죽(靈芝葵粥)

몸에 약이 되는 약선음식

멥쌀에 아욱과 영지 삶은 물을 넣고 끓인 죽이다. 영지버섯은 불로초라고도 불리며 <본초강목(本草綱目)>에 보면 영지버섯을 상 · 중 · 하 약 중에서 상약(上藥)으로 구분하였다. 눈이 맑아지고 기억력 증진, 심기(心氣)보강, 비장보호 및 자궁암 · 장암 등에서 오는 출혈을 방지하며, 오래 먹으면 몸이 가벼워지고 늙지 않으며 신선이 된다고 기록되어 있다.

재료 및 분량

멥쌀 ¾컵
영지 4g, 물 6컵
아욱 75g, 물 5컵
새우 100g
소금 1작은술

만드는 방법

1. 멥쌀은 깨끗이 씻어 일어서 물에 2시간 정도 담갔다가 체에 밭친다.
2. 깨끗이 씻은 영지를 냄비에 넣고 물을 부은 다음 센불에서 10분 정도 끓이다가 중불로 낮추어 30분 정도 끓이고 약불로 낮추어 30분 정도 더 끓인 후 체에 내려 6컵의 영지물을 만든다.
3. 아욱은 다듬어 물에 깨끗이 씻는다. 냄비에 물을 붓고 끓으면 소금과 아욱을 넣고 2분 정도 데쳐 냉수에 헹구어 꼭 짜서 1cm 길이로 썬다.
4. 새우는 씻은 후 꼬치로 등쪽의 내장을 빼내고 껍질을 벗겨 1cm 크기로 썬다.
5. 냄비에 불린 멥쌀을 넣고 영지물을 부은 다음, 센불에서 끓으면 아욱을 넣고 중불로 낮추어 뚜껑을 덮고 25분 정도 끓이다가 새우살을 넣고 3분 정도 더 끓인다.
6. 죽이 어우러지면 소금을 넣어 간을 하고 2분 정도 끓인다.

Tip

* 아욱을 데치지 않고 넣기도 한다.
* 마른 새우를 넣기도 한다.
* 아욱 대신으로 시금치나 근대를 넣고 끓일 수도 있다.

하수오죽(何首烏粥)

몸에 약이 되는 약선음식

선인죽(仙人粥)이라고 부르며, 멥쌀에 하수오물을 넣고 끓인 보혈죽(補血粥)으로 아침 · 저녁 1일 2회 묽게 끓여 먹으면 좋다. 하수오는 신장과 간장의 기능을 좋게 하여 피곤함을 없애고, 피부를 좋게 하며, 뼈와 근육을 튼튼하게 하고 심장을 튼튼하게 한다. 또한 신경쇠약이나 불면증에도 효과가 있어 빈혈치료, 여성의 생리불순, 자궁염, 만성변비 등에 널리 쓰인다.

재료 및 분량

멥쌀 1컵
하수오 20g, 대추 6개, 물 10컵
소금 ½작은술

만드는 방법

1. 멥쌀은 깨끗이 씻어 일어서 물에 2시간 정도 담갔다가 체에 밭쳐 물기를 뺀다.
2. 하수오와 대추는 젖은 면포로 깨끗이 닦는다.
3. 냄비에 하수오와 대추를 넣고 물을 부은 다음 센불에서 10분 정도 끓이다가 중불로 낮추어 20분 정도 끓이고 체에 내려 7컵 정도의 하수오물을 만든다.
4. 냄비에 불린 멥쌀을 넣고 하수오물을 부은 다음 센불에서 끓으면 중불로 낮추어 뚜껑을 덮고 가끔 저으면서 20분 정도 끓인 다음 약불로 낮추어 10분 정도 더 끓인다.
5. 죽이 어우러지면 소금을 넣어 간을 하고 2분 정도 더 끓인다.

Tip

* 죽은 끓어 넘치지 않게 불 조절에 특히 주의한다.
* 멥쌀 대신 찹쌀을 이용하기도 한다.

은행죽(銀杏粥)

몸에 약이 되는 약선음식

멥쌀에 곱게 간 은행을 넣고 끓인 죽이다. 주재료인 은행은 성질이 평(平)하며 맛은 쓰고 달다. 또한 독이 조금 있다(有小毒). 폐의 기를 수렴(收斂)시켜 주고 숨이 찬 것과 기침을 멎게 하며 기관지염에도 좋다.

재료 및 분량

멥쌀 1컵, 물 2컵
은행 ¼컵, 물 2컵
물 3컵, 소금 1작은술

만드는 방법

1. 멥쌀은 깨끗이 씻어 일어서 물에 2시간 정도 담갔다가 체에 밭친다.
2. 팬이 달구어지면 식용유를 두르고 은행을 넣고 굴려가며 살짝 볶아 껍질을 벗긴다.
3. 믹서기에 쌀과 은행을 넣고, 물 2컵을 각각 넣어 곱게 간다.
4. 냄비에 갈아 놓은 쌀과 은행을 넣고 물 3컵을 부은 다음 센불에서 6분 정도 끓이다가 중불로 낮추어 뚜껑을 덮고 20분 정도 끓이고 약불로 낮추어 10분 정도 끓인다.
5. 죽이 어우러지면 소금을 넣어 간을 하고 2분 정도 더 끓인다.

Tip

* 냄비에 끓일 때 물을 조금씩 부어가면서 저어주면 멍울이 잘 풀린다.
* 잣을 갈아서 같이 넣고 끓이면 고소한 맛이 더한다.

사인죽(砂仁粥)

藥 몸에 약이 되는 약선음식

현미찹쌀에 사인분말을 넣고 끓인 죽이다. 아침 · 저녁으로 따뜻하게 복용하면 중 · 노년층의 비위허증을 돕는다. 〈본초강목(本草綱目)〉에 "사인(砂仁)은 폐에 양분을 보내어 그 기능을 높이고, 비장을 잠에서 깨게 하고 위를 좋게 하며 신장을 건강하게 하여 기를 통과시키고 체내의 한랭(寒冷)을 발산시켜 팽창을 제거하고 구토를 진정시킨다." 라고 기록되어 있다.

재료 및 분량

현미찹쌀 1컵, 사인 가루 10g
다시마 · 미역 10g, 물 8컵
소금 1작은술

만드는 방법

1. 현미찹쌀은 깨끗이 씻어 일어서 물에 4시간 정도 담갔다가 체에 밭쳐 물기를 뺀다.
2. 믹서에 현미찹쌀을 넣고 물을 부은 다음 2분 정도 갈아서 체에 내린다.
3. 다시마는 젖은 면포로 닦고 미역은 물에 30분 정도 불린 다음 깨끗이 씻어 냄비에 물과 함께 넣고 센불에서 3분 정도 끓이다가, 중불로 낮추어 5분 정도 끓여 체에 거른다.
4. 냄비에 체에 내린 현미찹쌀을 넣고 다시마와 미역 우린 물을 부은 다음 센불에서 5분 정도 끓이다가 중불로 낮추어 뚜껑을 덮고 가끔 저으면서 15분 정도 끓이고 약불로 낮추어 5분 정도 끓인다.
5. 죽이 어우러지면 사인가루를 넣고 소금을 넣어 간을 하고 2분 정도 더 끓인다.

Tip

* 사인분말은 처음부터 넣지 말고 쌀이 퍼진 후 나중에 넣는 것이 좋다.
* 다시마가루를 사용할 때는 조리과정의 마지막에 넣는다.
* 죽을 끓일 때 소금을 넣고 한소끔 더 끓이지 않으면 죽이 삭는다.

현미음양곽마죽

몸에 약이 되는 약선음식

현미찹쌀에 음양곽(淫羊藿) 물과 마를 넣고 끓인 죽이다. 음양곽은 삼지구엽초(三枝九葉草)라고도 하며 건망증을 치료하고 기력을 더해 주며 근골(筋骨)을 튼튼하게 해준다. 산과 들에서 나고 잎이 은행잎과 같으며 잎의 위에 씨가 있고 줄기가 볏짚대와 같으며 5월에 잎을 따서 햇볕에 말린다.

재료 및 분량

현미찹쌀 1컵
참마 80g
음양곽 3g, 물 9½컵
소금 1작은술

만드는 방법

1. 현미찹쌀은 깨끗이 씻어 일어서 물에 4시간 정도 담갔다가 체에 밭친다.
2. 참마는 깨끗이 씻어 껍질을 벗기고 두께 0.5cm · 가로1cm · 세로 1.5cm 정도로 썬다.
3. 음양곽 잎을 깨끗이 씻은 후 냄비에 넣고 물을 부은 다음 1시간 정도 우려낸다.
4. 냄비에 현미찹쌀을 넣고 음양곽 물을 부은 다음 센불에서 8분 정도 끓이다가 중불로 낮추어 뚜껑을 덮고 가끔 저으면서 30분 정도 끓이다가 약불에서 40분 정도 끓인다.
5. 죽이 거의 어우러지면 참마와 소금을 넣어 간을 하고 2분 정도 더 끓인다.

Tip

* 기호도에 따라 참마를 더 넣기도 한다.
* 참마를 갈아서 넣기도 한다.

연자보리죽

몸에 약이 되는 약선음식

멥쌀과 보리를 갈아 연자가루를 넣고 끓인 죽으로, 구수하여 밥투정하는 아이의 식욕을 돋우는데 좋다. 주재료인 연자(蓮子)는 정신을 맑게 하고 몸을 튼튼하게 하며 양기(陽氣)를 보해 정력을 증강시키고 식욕을 돋게 하며 눈과 귀를 밝게 한다. 또한 소화가 잘 되지 않을 때나 가슴이 답답하고 열이 나며 갈증이 날 때, 빈혈 예방에도 좋다.

재료 및 분량

멥쌀 ½컵, 보리 ½컵, 물 8컵
연자가루 20g, 물 ½컵
소금 1작은술
고명 : 잣 ½작은술, 대추1개

만드는 방법

1. 멥쌀과 보리를 각각 깨끗이 씻어 일어서 물에 2시간 정도 담갔다가 체에 밭친다.
2. 믹서기에 멥쌀과 보리 및 물 4컵을 넣고 곱게 갈아 체에 거른다.
3. 연자가루는 물에 풀어 놓는다.
4. 냄비에 갈아놓은 쌀과 보리를 넣고 물 4컵을 부은 다음 센불에서 5분 정도 끓이다가 중불로 낮추어 뚜껑을 덮고 가끔 저으면서 15분 정도 끓인 다음 연자가루물을 넣고 5분 정도 끓인다.
5. 죽이 잘 어우러지면 소금을 넣어 간을 하고 2분 정도 더 끓인다.

Tip

* 율무와 현미를 넣고 같이 끓이기도 한다.
* 연자를 물에 불려서 껍질을 벗긴 후 믹서에 갈아서 사용하기도 한다.
* 연자가루를 물에 풀어서 끓여야지 끓는 죽에 직접 넣으면 멍울이 지고 잘 풀어지지 않는다.

검은콩죽(黑大豆粥)

몸에 약이 되는 약선음식

멥쌀에 갈아놓은 검은콩을 넣고 끓인 죽이다. 검은콩은 약효 작용이 뛰어나 한방에서 약재로 사용하고 있다. 여러 가지 독을 없애주고, 신장 계통의 대사 촉진에 효과가 있으며 신장의 작용을 활발하게 하여 수분과 지방이 축적되지 않도록 체질이 개선되고 당뇨병이나 귀울림 및 백발 등의 증상을 개선시킨다.

재료 및 분량

멥쌀 $\frac{3}{4}$컵, 물 5컵
검은콩 1컵, 콩 가는 물 3컵
소금 2작은술

만드는 방법

1. 멥쌀을 깨끗이 씻어 일어서 물에 2시간 정도 담갔다가 체에 밭친다.
2. 검은콩은 깨끗이 씻어 일어서 물에 5시간 정도 불려 체에 밭친다.
3. 냄비에 검은콩을 넣고 물을 부어 센불에서 끓으면 중불로 낮추어 20분 정도 삶은 다음 손으로 비벼 껍질을 벗긴다.
4. 믹서에 삶은 콩과 콩 가는 물을 넣고 곱게 간다.
5. 냄비에 멥쌀과 물을 붓고 센불에서 끓으면 뚜껑을 덮고 가끔 저으면서 20분 정도 끓인다.
6. 죽이 어우러지면 갈아놓은 콩물을 붓고 10분 정도 더 끓여 소금으로 간을 하고 2분 정도 더 끓인다.

Tip

* 삶은 콩은 곱게 갈아 체에 내려야 부드럽다.

황정죽(黃精粥)

몸에 약이 되는 약선음식

멥쌀에 황정물을 넣고 끓인 죽으로 기운이 약하고 쉽게 피로를 느낄 때 좋다. 황정은 둥굴레라고도 부르며, 옥죽(玉竹)이라고도 한다. <식료본초(食療本草)>에 보면 옛날부터 깊은 산속의 신선들이 먹는 음식으로 전해진다. 장기 복용하면 머리카락이 하얗게 세지 않고 얼굴색을 젊게 하며, 뼈가 굽지 않는다 하여 노화작용을 억제하는 기능이 있는 것으로 알려져 있다.

재료 및 분량

멥쌀 1컵
황정 30g, 물 10컵
소금 1작은술
잣가루 1작은술

만드는 방법

1. 멥쌀은 깨끗이 씻어 일어서 물에 2시간 정도 담갔다가 체에 밭친다.
2. 냄비에 깨끗이 씻은 황정을 넣고 물을 부은 다음 센불에서 5분 정도 끓이다가 약불로 낮추어 35분 정도 끓여 체에 걸러 7컵의 황정물을 만든다.
3. 냄비에 불린 멥쌀을 넣고 황정물을 부은 다음 센불에서 끓으면, 중불로 낮추어 20분 정도 끓이다가 약불로 낮추어 10분 정도 끓인다.
4. 죽이 잘 어우러지면 소금을 넣어 간을 하고 2분 정도 더 끓인다.
5. 그릇에 죽을 담고 잣가루를 뿌린다.

Tip

* 황정가루를 죽에 풀어 이용하기도 한다.
* 불린 멥쌀을 반 정도 으깨어 끓이기도 한다.

구기자채소죽

몸에 약이 되는 약선음식

멥쌀에 구기자물, 마, 당근, 부추를 넣어 끓여낸 죽이다. 구기자(枸杞子)는 구기자나무의 열매로 간 기능 보호 작용이 뛰어나다. 수술 뒤나 회복기에 가루를 넣고 죽을 끓여 먹는다. 허약 체질을 보하는 강장제나 해열제로 쓰이기도 한다.

재료 및 분량

멥쌀 1컵, 참기름 1큰술
구기자 물 : 구기자 10g, 물 7컵
마 20g, 당근 20g, 부추 20g

만드는 방법

1. 멥쌀은 깨끗이 씻어 일어서 2시간 정도 담갔다가 체에 밭친다.
2. 냄비에 구기자를 넣고 물을 부은 다음 6컵이 되도록 끓인다.
3. 마와 당근을 깨끗이 다듬어 씻어 껍질을 벗긴 다음 0.5㎝ 크기로 썬다.
4. 부추는 깨끗이 다듬어 씻어 길이 0.5㎝ 정도로 썬다.
5. 냄비를 달구어 참기름을 넣고 불린 멥쌀을 넣어 투명해질 때까지 볶다가 구기자물을 붓고 센불에서 끓으면 중불로 낮추어 뚜껑을 덮고 15분 정도 끓인다.
6. 당근과 마를 넣고 15분 정도 끓이다가 죽이 어우러지면 부추를 넣고 소금으로 간을 하고 2분 정도 더 끓인다.

Tip

* 구기자물 대신 구기자 가루를 사용하기도 한다.
* 부추를 너무 일찍 넣고 끓이면 부추의 색이 변한다.
* 부추를 믹서에 갈아서 부추즙을 넣고 끓이기도 한다.

연자육누룽지죽

몸에 약이 되는 약선음식

누룽지와 연자육(蓮子肉) 가루를 넣고 뭉근하게 끓인 죽이다. 누룽지는 기를 보하고 소화를 돕고 속을 튼튼히 하며 설사를 멎게 하므로 소화기가 허약한 체질, 소아나 노인에게도 좋은 식품이다. 연자육을 음식에 넣어 장복하면 오장육부를 건강하게 해준다.

재료 및 분량

연자육 가루 2큰술, 물 1컵
누룽지 100g, 물 6컵
연자육 5g
소금 1작은술

만드는 방법

1. 연자육 가루에 물 1컵을 넣고 풀어 놓는다.
2. 냄비에 누룽지를 넣고 물 5컵을 부은 다음 센불에서 끓으면 중불로 낮추고 연자육 푼 물을 넣고 20분 정도 끓인다.
3. 연자육을 따로 삶아 건져 0.5cm 정도로 굵게 다진다.
4. 죽이 어우러지면 썰어 놓은 연자육을 함께 넣고 소금으로 간을 하고 2분 정도 더 끓인다.

Tip

* 연자육을 미리 물에서 충분히 불린 후 삶으면 부드럽다.
* 누룽지를 집에서 쉽게 만드는 법
  팬에 밥을 담고 물을 부어 주물러서 밥알이 흐트러지게 한 다음 흐트러진 밥을 팬에 얇게 펴 놓는다.
  센불에서 끓으면 중불로 낮추어 물이 없어지고 누룽지가 될 때까지 가열한다.

행인죽(杏仁粥)

몸에 약이 되는 약선음식

살구씨와 쌀을 섞어 끓인 죽으로 한방에서는 살구씨를 행인(杏仁)이라고 한다. 따뜻한 성질을 가지고 있으며 행인 속에 있는 성분은 아미그달린으로 활성산소처럼 우리 몸의 산화물질을 중화시키는 역할도 하지만 독성분도 있어 다량 섭취하는 것은 좋지 않다. 또한 불포화지방산이 풍부해 건조한 피부를 윤택하게 하여 피부미용에도 좋으며, 대장활동을 좋게 해 변비에도 도움이 된다. 한방에서는 진해 거담작용으로 기침을 진정시키며 폐를 건조해지지 않게 하는 데 사용이 되며 곱게 갈아 꿀을 함께 넣어 마셔도 좋다. 비타민B, E 등이 풍부해 노인식의 좋은 영양원이 된다.

재료 및 분량

멥쌀 ¾컵, 멥쌀 가는 물 3컵
행인(살구씨) 50g, 행인 가는물 1컵
죽 끓이는 물 3컵, 소금 ¾작은술

만드는 방법

1. 멥쌀은 깨끗이 씻어 2시간 정도 불린 다음 물기를 뺀다.
2. 행인은 씻어서 1시간 정도 불린다.
3. 믹서에 멥쌀을 넣고 물을 부어 2분 정도 곱게 갈아서 체에 내린다.
4. 믹서에 행인을 넣고 물을 부어 2분 정도 곱게 갈아서 체에 내린다.
5. 냄비에 갈아 놓은 멥쌀물과 행인물을 붓고 센불에 7분 정도 올려 끓으면, 중불로 낮추어 멍울이 지지 않도록 저으면서 12분 정도 끓이다가 약불로 낮추어 뚜껑을 덮고 8분 정도 더 끓인다.
6. 죽이 어우러지면 소금으로 간을 맞추고 2분 정도 더 끓인다.

Tip

* 행인은 물을 갈아주면서 불려야 쓴맛이 우러나와 죽이 쓰지 않고 맛이 좋다.
* 색이 누렇게 변한 행인은 맛이 없으므로 사용하지 않는다.

오자죽

몸에 약이 되는 약선음식

다섯 가지 씨앗을 예로부터 오자(五子)라고 하는데 오자란 복숭아씨, 호두, 잣, 깨, 살구씨를 말한다. 오자는 동의보감과 황제의 궁중비책으로도 사용되었다고 하였으며 약성을 끌어올리는 작용 및 남성건강, 피로감, 권태감, 신장기능 개선 및 강화의 효능이 있다.

재료 및 분량

멥쌀 1 컵, 멥쌀 가는물 2컵
호두 4개, 볶음참깨 3큰술, 잣 3큰술, 복숭아씨 가루 10g, 살구씨 5g
오자 가는 물 1컵
죽 끓이는 물 3컵, 소금 1작은술

만드는 방법

1. 멥쌀은 깨끗이 씻어 2시간 정도 불린 다음 물기를 뺀다.
2. 호두는 따뜻한 물에 불려 꼬치로 속껍질을 벗긴다.
3. 멥쌀은 믹서에 물과 함께 넣고 2분 저도 곱게 갈아서 체에 내린다.
4. 믹서에 껍질 벗긴 호두와 볶은 참깨, 잣, 복숭아씨가루, 살구씨, 물을 넣고 3분 정도 곱게 갈아서 체에 내려 오자물을 만든다.
5. 냄비에 갈아놓은 멥쌀물을 넣고 죽 끓이는 물을 부어 센불에 5분 정도 올려끓으며, 중불로 낮추어 뚜껑을 덮고 가끔 저으면서 15분 정도 끓이다가 갈아 놓은 오자물을 붓고 약불로 낮추어 5분 정도 더 끓인다.
6. 죽이 어우러지면 소금으로 간을 맞추고 2분 정도 더 끓인다.

Tip

* 다섯가지의 씨앗을 오자(五子)라고 한다.
* 불린 쌀은 반 정도 으깨어 죽을 쑤기도 한다.

연자죽

몸에 약이 되는 약선음식

연자는 연꽃의 씨를 말하는 것으로 연실(蓮實) 또는 연밥으로 불렸으며 장수 식품으로 매우 유명하였다. 예부터 연자는 오장을 보하고 갈증을 없애며 이질을 다스리고 심신을 편안하게 하여 먹으면 상쾌하나 생것으로 먹으면 헛배가 부르므로 반드시 쪄서 먹으라고 하였다. 또한 소화기능이 쇠약해서 오는 전신쇠약이나 신경성 심장병, 피로회복 등에 효과가 있으며, 비장을 도와서 소화를 잘 시켜주며 몸 안의 습기를 몰아내고 신장이 나약해지는 것을 예방한다고 한다.

재료 및 분량

멥쌀 ¾컵, 멥쌀 가는 물 3컵
연자 30g, 연자 가는 물 1컵
죽 끓이는 물 3컵, 소금 ¾작은술

만드는 방법

1. 멥쌀은 깨끗이 씻어 2시간 정도 불린 다음 물기를 뺀다.
2. 연자는 4시간 정도 불려서 비벼 씻어 껍질을 벗긴다.
3. 믹서에 멥쌀을 넣고 물을 부어 2분 정도 곱게 갈아서 체에 내린다.
4. 믹서에 연자를 넣고 물을 부어 2분 정도 곱게 갈아서 체에 내린다.
5. 냄비에 갈아 놓은 멥쌀물과 물을 붓고 센불에 7분 정도 올려 끓으면, 중불로 낮추어 가끔 저으면서 10분 정도 끓이다가 연자 간 물을 붓고 약불로 낮추어 10분 정도 더 끓인다.
6. 죽이 어우러지면 소금으로 간을 맞추고 2분 정도 더 끓인다.

Tip

* 연자육의 속껍질을 벗기려면 물에 충분히 불린 다음 보리쌀 닦듯이 비벼 씻는다.
* 연자육은 껍질을 벗겨서 사용해야 떫지 않다.
* 기호에 따라 설탕이나 꿀을 넣기도 한다.

순무씨죽

몸에 약이 되는 약선음식

조선시대 왕비의 보양식이자, 입덧을 완화해주는 궁중 태교음식으로 예부터 사용되었으며, 병환으로 고생하는 왕대비에게만 공급하는 귀한 음식이었다고 한다. 순무의 씨를 만청자(蔓菁子)라고 하는데, 성질은 따뜻하며 기(氣)를 내리고 눈을 밝게 하며 오장(五臟)을 이롭게 하고 몸을 가볍게 하며 기를 늘리는 식품으로 특히 쪄서 볕에 말려 오랫동안 복용하면 장수식품으로도 좋다고 한다.

재료 및 분량

멥쌀 1컵, 멥쌀 가는 물 2컵,
순무씨 40g, 순무씨 삶는 물 3컵, 순무씨 가는 물 1컵,
죽 끓이는 물 5컵, 소금 1작은술

만드는 방법

1. 멥쌀은 깨끗이 씻어 2시간 정도 불린 다음 물기를 빼고 믹서에 물과 함께 넣고 2분 정도 곱게 간 다음 체에 내린다.
2. 순무씨는 깨끗이 씻어 일어 냄비에 물 1컵을 넣고 센불에 2분 정도 올려 끓으면 3분 정도 삶아 물을 버리고 다시 물 1컵을 넣고 2분 반복하여 삶아서 물기를 빼고, 팬을 달구어 센불에서 1분 정도 볶다가 4분 정도 약불에서 볶은 다음 믹서에 물과 함께 넣고 2분 정도 곱게 간다.
3. 냄비에 갈아놓은 멥쌀물과 순무씨 간 물, 죽 끓이는 물을 붓고 센불에 5분 정도 올려 끓으면, 중불로 낮추어 뚜껑을 덮고 가끔 저으면서 15분 정도 끓이다가 약불로 낮추어 5분 정도 더 끓인다.
4. 죽이 어우러지면 소금으로 간을 맞추고 2분 정도 더 끓인다.

Tip

* 죽을 끓일 때 덩어리가 지지 않도록 주의한다.
* 순무씨는 깨끗이 씻어 일어서 삶아서 말린 다음, 다시 삶아서 말리기를 세 번 하여 곱게 갈아서 사용한다.

구선왕도고죽

몸에 약이 되는 약선음식

의이인, 백복령, 백편두, 검인, 연자육, 산약, 맥아, 시상, 사당 등 9가지 약재를 찌고 말려서 죽을 만든 것으로 세종대왕을 비롯해 역대 왕들이 드신 죽이다. 또한 여러 가지 약재를 섞어 만든 떡으로 쑨 죽으로 보위(補胃)에 좋고 기운을 돋우며 노인에게는 더욱 좋다. 따라서 조선시대의 일부 가정에서는 보양용 음식으로 상비하였다.

원기회복 및 면역력 증강, 건강식으로도 좋으며 떡과 죽 그리고 음료, 조청, 엿 등으로 다양하게 활용 할 수 있다.

재료 및 분량

* 구선왕도고 떡 : 멥쌀가루 320g, 소금 1작은술, 물 5큰술, 율무가루 5g, 백복령가루 5g, 산약가루 5g, 맥아가루 5g, 백편두가루 5g, 연자육가루 5g, 능인가루 5g
* 구선왕도고 죽 : 구선왕도고 떡가루 130g, 죽 끓이는 물 6½컵, 소금 ½작은술

만드는 방법

1. 물에 율무가루와 백복령가루, 산약가루, 맥아가루, 백편두가루, 연자육가루, 능인가루를 넣고 고루 섞어 불린다.
2. 멥쌀가루에 소금과 물에 불린 한약재가루를 넣고 고루 비벼 섞어서 체에 내린다.
3. 찜기에 물을 붓고 센불에 9분 정도 올려 끓으면, 젖은 면포를 깔고 쌀가루를 넣은 다음 고루 펴서 센불에서 10분 정도 찐다.
4. 찐 떡은 한 김 식으면 작게 떼어 채반에 널어 바싹 말린 다음, 분쇄기에 넣고 빻아 가루를 만든다.
5. 냄비에 죽 끓이는 물을 부어 센불에 7분 정도 올려 끓으면, 구선왕도고 떡가루를 넣고 중불로 낮추어 가끔 저어가면서 2분 정도 끓이다가 소금을 넣고 약불로 낮추어 2분 정도 더 끓인다.

Tip

* 꿀이나 설탕을 곁들여 내기도 한다.
* 기호에 따라 한약재 양을 가감할 수 있다.

붕어총백죽

몸에 약이 되는 약선음식

붕어는 부어 · 즉어라고도 하며 성질이 따뜻하고 맛이 달며 독이 없다. 붕어에 멥쌀을 넣고 파의 밑동을 넣어 끓인 죽으로 오장을 보하며 중초를 고르게 하고 기를 내리는 음식이다. 조선왕실의 건강유지를 위한 식재료로 붕어가 이용된 기록이 있다.

재료 및 분량

붕어 1마리(500g, 살 250g), 멥쌀 180g,
총백 삶아 거른 물 8컵(총백 50g, 물 10컵)
산초가루 1g, 소금 1작은술

만드는 방법

1. 붕어는 손질하여 깨끗이 씻은 후 세 장으로 포를 뜨고, 껍질을 벗겨 두께 0.5cm로 얇게 저민다.
2. 멥쌀은 깨끗이 씻어 2시간 정도 불린 후 체에 밭쳐 물기를 뺀다.
3. 냄비에 물을 붓고 총백을 넣어 센불에 올려 끓으면 중불로 낮추어 20분 정도 더 끓여 체에 걸러 총백국물을 만든다.
4. 냄비에 쌀을 넣고 총백국물을 넣어 센불에 올려 끓으면 중불로 낮추어 20분 정도 더 끓이다가 쌀알이 퍼지면 붕어살을 넣고 10분 정도 더 끓인다. 산초가루와 소금을 넣어 먹는다.

Tip

* 붕어와 잉어가 비슷하게 생겨 구분하기 어려운데 잉어는 2쌍의 수염이 있고 붕어에는 수염이 없다.
* 붕어를 구입할 때는 등 쪽이 푸른 갈색이 나고 배 쪽은 누르스름한 은백색이 좋다.
* 붕어를 손질할 때는 내장을 빼내고 칼끝으로 핏기를 빼내야 비린내가 나지 않는다.
* 붕어는 성질은 따뜻하고 맛이 달며 독이 없다. 오장을 보하며 중초를 고르게 하고 기를 내리며, 이질을 낫게 한다.

붕어좁쌀죽

藥

몸에 약이 되는 약선음식

젖은 종이로 붕어를 싸서 불에 구워 익힌 다음 뼈를 제거하고 살만 발라 좁쌀과 함께 끓인 음식이다. 예부터 붕어는 소화를 돕고 식욕을 증진시키며 장 기능을 실하게 하며, 이질을 낫게 한다고 알려져 있다. 조는 속미(粟米)라고도 부르며 출미라고 부르는 차조와 좁쌀이라고 부르는 메조가 있다. 좁쌀은 쌀에 비해 영양가가 월등하여 소화흡수가 잘 되고 배변을 촉진하며, 혈액순환 촉진 및 허약체질을 개선하여 소화력을 높여주므로 병약자의 원기회복을 도와준다.

재료 및 분량

좁쌀 1컵, 붕어 1마리(600g), 죽 끓이는 물 7컵,
소금 1작은술, 식초 ½작은술,
흰색 한지 1장

만드는 방법

1. 붕어는 지느러미를 자르고 깨끗이 씻어 젖은 종이호일로 감싸 200℃에서 예열된 오븐에 넣어 40분 정도 굽는다.
2. 좁쌀은 깨끗이 씻어 2시간 정도 불려 물기를 뺀다.
3. 구운 붕어는 뼈를 떼어내고 살만 발라내어 곱게 다진다.
4. 냄비에 좁쌀과 물을 붓고 센불에 올려 끓으면 중불로 낮추어 30분 정도 끓이다가 으깬 붕어살을 넣고 10분 정도 더 끓인다. 소금으로 간을 맞추고 2분 정도 더 끓여서 식초를 넣어 먹는다.

Tip

* 붕어를 구울 때 한지를 물에 적셔 사용해도 좋다.
* 붕어는 위를 편안하게 해주고 창자를 이롭게 하기 때문에 태양인의 반위(反胃)에 사용한다.

현미굴밥

몸에 약이 되는 약선음식

현미찹쌀과 멥쌀, 굴을 넣고 지은 밥이다. 굴은 모려(牡蠣)나 석화(石花) 등으로 불리며 먹으면 향기롭고 보익(補益)하다. 단백질이 많이 들어 있고 우유보다도 요오드가 200배 정도 들어 있어 머리카락에 윤기를 주며, 철분은 물론이고 비타민 C와 E의 함유량이 높아 피로를 줄여주고 변비를 막아주어 피부를 좋게 한다.

재료 및 분량

멥쌀1컵, 현미찹쌀 ¼컵, 완두콩 30g, 콩나물 20g, 물 2컵
굴 200g, 소금 1작은술
양념장 : 간장1큰술, 설탕 ½작은술, 다진 파 2작은술, 다진 마늘 1작은술
고춧가루 1작은술, 들기름 1작은술

만드는 방법

1. 현미찹쌀은 깨끗이 씻어 일어서 물에 4시간 정도 담갔다가 체에 밭친다.
2. 멥쌀은 깨끗이 씻어 일어서 물에 30분 정도 담갔다가 체에 밭친다.
3. 굴은 소금물에 씻어 체에 밭친다.
4. 콩나물은 꼬리를 떼고 깨끗이 씻는다.
5. 냄비에 불린 쌀과 현미찹쌀, 완두콩, 콩나물을 넣고 물을 부은 다음 센불에서 3분 정도 끓이다가 중불로 낮추어 3분 정도 끓인다. 약불로 낮추어 굴을 넣고 쌀알이 잘 퍼지도록 15~20분 정도 뜸을 들인다.
6. 주걱으로 고루 섞은 후 그릇에 담고 양념장을 곁들인다.

Tip

* 콩나물이 들어가므로 밥물을 적게 넣는다.
* 굴을 너무 일찍 넣으면 밥의 색이 검게 된다.
* 작은 굴이 맛과 향이 좋은 자연산이다.

연자녹차밥

몸에 약이 되는 약선음식

녹차 물과 연자를 넣고 지은 밥이다. 연자(蓮子)의 성질은 평(平)하고 맛이 달다. 그 효능이 매우 다양하며 가슴이 답답하고 열이 나며 갈증이 날 때나 신(腎)기가 부족해서 소변을 자주 볼 때, 가슴이 뛰고 불안하여 혈색이 좋지 않고 기력이 허약하며 열이 날 때 등에 복용하면 효과가 있다.

재료 및 분량

멥쌀 2½컵
녹차잎 6g, 물 1컵
연자 20g, 물 3컵
양념장 : 간장 2큰술, 설탕 ½큰술, 다진 파 2작은술, 다진 마늘 1작은술
깨소금 1작은술, 고춧가루 ½작은술, 참기름 2작은술

만드는 방법

1. 멥쌀은 깨끗이 씻어 일어서 물에 30분 정도 담갔다가 체에 밭친다.
2. 냄비에 연자를 넣고 물을 부은 다음 센불에서 5분 정도 끓이다가 중불로 낮추어 10분 정도 끓이고, 약불에서 5분 정도 삶아 체에 거른다.
3. 70℃의 물 1컵에 녹차잎을 넣고 20분 정도 우린다.
4. 냄비에 불린쌀과 연자, 녹차 우린 물, 녹차잎을 넣고 센불에서 4분 정도 끓이다가 중불로 낮추어 3분 정도 끓이고 약불로 낮추어 쌀알이 잘 퍼지도록 10분 정도 뜸을 들인다.
5. 주걱으로 고루 섞은 후 그릇에 담고 양념장을 곁들인다.

Tip

* 기호에 따라 녹차잎을 더 넣기도 한다.
* 뜸을 잘 들여야 연자가 부드럽다.

현미죽통밥

몸에 약이 되는 약선음식

죽통에 현미찹쌀과 여러 가지 견과류를 넣고 찐 밥이다. 녹두(綠豆)는 열을 내려주어 여름에 더위 먹은 것을 풀어주고, 소변을 원활히 배설되도록 하며, 열이 심하여 생긴 증상을 없애준다. 또한 팥은 적소두(赤小豆)라 하여 체내 수분대사를 원활히 하고 설사를 멎게 하며 부종을 없애준다.

재료 및 분량

굵은 대나무통(지름 5cm 이상), 현미찹쌀 2컵, 물 1½컵
녹두 30g, 팥 30g, 밤 3개, 대추 4개, 소금 ½작은술

만드는 방법

1. 현미찹쌀은 깨끗이 씻어 일어서 물에 4시간 정도 불린 다음 체에 밭친다.
2. 직경 10cm 정도의 죽통을 한쪽은 막히고 한쪽은 뚫리게 20cm 정도의 길이로 자른다.
3. 녹두는 깨끗이 씻어 일어서 물에 3시간 정도 불린 다음 체에 밭친다. 팥은 깨끗이 씻어 일어서 냄비에 물을 넣고 3분 정도 끓인 후 첫물은 따라내고 다시 물을 넣어 중불에서 20분 정도 팥알이 터지지 않도록 삶는다.
4. 밤은 껍질을 깨끗이 벗기고 4등분한다. 대추는 젖은 면보로 닦고 돌려깎기 하여 씨를 빼고 6등분한다.
5. 불린 현미찹쌀과, 녹두, 팥, 밤, 대추를 죽통에 담고 소금물을 붓는다.
6. 죽통에 한지를 덮은 후 솥에 죽통 높이의 반 정도 물을 붓고, 죽통을 넣어 50분 정도 찐다.

Tip

* 기호에 따라 양념장에 비벼 먹기도 한다.
* 압력솥을 이용하면 조리시간이 짧아진다.
* 인삼을 어슷하게 썰어서 넣기도 한다.

산수유장어덮밥

몸에 약이 되는 약선음식

산수유물로 양념장을 만들어 장어를 구운 다음, 밥 위에 올린 덮밥이다. 장어는 근육과 뼈를 강하게 하고 혈맥의 소통이 잘 되게 하므로 몸이 허약하고 기력이 없으며 풍과 한기(寒氣)로 빚어진 습(濕)과 비증(痺症), 산후의 허약과 야위는 것을 치료한다.

재료 및 분량

멥쌀 2컵, 물 2½컵
장어 2마리, 밀가루 1큰술
산수유 20g, 물 1컵
상추 10g, 식용유 1큰술
양념장 : 간장 4큰술, 고추장 1큰술, 설탕 1큰술, 물엿 1큰술, 꿀 1큰술, 청주 1큰술
건고추 1개, 파 30g, 마늘 30g, 생강 10g, 통후추 3g, 산수유 우린 물 ½컵

만드는 방법

1. 쌀은 깨끗이 씻어 일어서 물에 30분 정도 담갔다가 체에 밭친다.
2. 냄비에 쌀을 넣고 물을 부은 다음 센불에서 4분 정도 끓으면 중불로 낮추어 3분 정도 끓이다가 약불로 낮추어 쌀알이 잘 퍼지도록 10분 정도 뜸을 들인다.
3. 장어는 밀가루를 넣고 깨끗이 비벼 씻어서 등을 가르고 뼈를 떼어내서 2등분하고 찜통에서 10분 정도 찐다.
4. 산수유는 물에 3시간 정도 불렸다가 체에 걸러 산수유물을 만든다.
5. 냄비에 양념장 재료를 모두 섞어 넣고 센불에서 2분 정도 끓으면, 중불로 낮추어 5분 정도 끓이다가 약불로 낮추어 8분 정도 더 끓여서 체로 거른 다음 쪄낸 장어를 넣고 30분 정도 재워 둔다.
6. 상추는 깨끗이 씻어 길이로 2등분 하고 0.5cm 폭으로 채 썬다.
7. 달구어진 석쇠에 식용유를 바르고 장어를 올려 양념장을 2~3번 덧바르면서 앞뒤로 각각 4분 정도씩 굽고 한 김 나간 후 4cm 정도의 폭으로 썬다.
8. 그릇에 밥을 담고 상추를 얹은 다음, 그 위에 장어를 얹는다.

Tip

* 장어를 찌지 않고 석쇠에 바로 구워서 다시 양념장을 2~3회 발라 굽기도 한다.
* 밥 위에 상추와 깻잎을 썰어 같이 얹을 수도 있다.

녹차인삼밥

몸에 약이 되는 약선음식

녹차물에 멥쌀과 인삼을 넣어 지은 밥이다. 인삼(人蔘)은 원기를 보(補)하며 폐와 비장을 도와주고, 진액(津液)을 생성하여 갈증을 멎게 하고 심신을 안정시켜 준다. 심신 불안에 가슴이 두근거리고 불면증이 있을 때, 무기력하며 식욕이 없을 때, 숨이 가쁘며 비장과 위장이 허약한 증상을 다스린다.

재료 및 분량

멥쌀 1½컵, 물 2컵
녹차잎 12g, 들기름 1작은술
인삼 2뿌리(20g)
양념장 : 실파 5대, 간장 2큰술, 설탕 1작은술, 물 3큰술, 고운 고춧가루 1작은술
다진 마늘 ½작은술, 청주 1작은술, 후춧가루⅛작은술

만드는 방법

1. 멥쌀은 깨끗이 씻어 일어서 물에 30분 정도 담갔다가 체에 밭친다.
2. 녹차잎에 물을 넣고 색이 진하게 우러나도록 20분 정도 둔 다음 체에 밭친다.
3. 팬을 달구어 들기름을 두르고 녹차를 넣어 중불에서 2분 정도 볶는다.
4. 인삼을 깨끗이 씻어 뇌두를 자르고 길이 1cm 정도로 어슷 썬다.
5. 냄비에 쌀과 인삼을 넣고 녹차 우린 물을 부은 다음, 인삼을 위에 올리고 센불에서 끓으면 중불로 낮추어 3분 정도 끓이다가 약불로 낮추어 쌀알이 잘 퍼지도록 10분 정도 뜸을 들인다.
6. 주걱으로 고루 섞어 그릇에 담고 볶아 놓은 녹차잎을 밥 위에 소복하게 올리고 양념장을 곁들인다.

Tip

* 녹차잎은 너무 꼭 짜서 볶으면 질기기 때문에 식감이 좋지 않다.
* 녹차잎은 식용유를 넣고 볶을 수도 있다.
* 녹차를 마시고 난 다음, 우린 녹차잎을 모아서 사용할 수도 있다.

육종용비빔밥

몸에 약이 되는 약선음식

밥에 갖은 나물과 육종용, 쇠고기, 고명, 약고추장을 넣고 만든 음식이다. 육종용(肉腫龍)은 신경(腎經)과 대장경(大腸經)에 작용을 하며, 신양(腎陽)을 보하고 정혈을 도우며 대장을 윤활하게 하여 대변을 소통시키는 효능이 뛰어나다. 허리나 무릎이 시큰하고 무기력한 증상을 완화시켜 주고, 특히 근육과 뼈에 힘이 없는 증상과 병후와 산후의 혈허(血虛) 증상을 개선하고 변비를 치료하는 효능이 있다.

재료 및 분량

멥쌀 2½컵, 물 3컵
쇠고기 450g, 부추 50g, 표고버섯 3장, 달걀 2개, 육종용 15g, 당근 ½개
쇠고기 · 표고 · 부추양념장 : 간장 1큰술, 설탕 ½큰술, 다진 파 1작은술, 다진 마늘 ½작은술
깨소금 1작은술, 참기름 1작은술
약고추장 : 고추장 5큰술, 다진 쇠고기 20g, 다진 파 2작은술, 다진 마늘 1작은술
물 6큰술, 설탕 1큰술, 참기름 1½큰술

만드는 방법

1. 멥쌀은 깨끗이 씻어 일어서 물에 30분 정도 담갔다가 체에 밭친다.
2. 쇠고기는 핏물을 닦고 2등분한다. 냄비에 쇠고기와 육종용을 넣고 물을 부은 다음, 1시간 정도 끓이고 쇠고기와 육종용은 건져 폭 · 두께 0.3cm, 길이 5cm 정도로 썬다.
3. 부추는 끓는 물에 소금을 넣고 살짝 데쳐 5cm 길이로 썰고, 표고버섯은 물에 불려 기둥을 떼어내고 물기를 닦고 0.2cm 두께로 채 썬다.
4. 쇠고기 · 표고 · 부추 양념장을 만들어 각각 양념해 놓는다.
5. 당근은 폭 · 두께 0.3cm, 길이 5cm 정도로 채 썰고 달구어진 팬에 식용유를 두르고 볶아 식힌다.
6. 달걀은 황백지단을 부쳐 폭 0.3cm, 길이 5cm 정도로 채 썬다.
7. 냄비에 쌀을 넣고 물을 부은 다음 센불에서 8분 정도 끓이다가 중불로 낮추어 3분 정도 끓인다. 약불로 낮추고 쌀알이 잘 퍼지도록 10분 정도 뜸을 들인다.
8. 냄비에 다진 쇠고기와 파, 마늘, 참기름을 넣고 볶다가 고추장과 설탕 및 물을 넣고 볶아 약고추장을 만든다.
9. 밥 위에 준비한 재료와 약고추장을 올린다.

Tip

* 비빔밥은 밥이 고슬고슬해야 맛있다.
* 집에서 담근 고추장으로 약고추장을 만들 때는 기호에 따라 설탕을 조금 더 넣기도 한다.

포공영밥

몸에 약이 되는 약선음식

쌀과 포공영(민들레), 인삼, 대추, 밤 등을 넣고 지은 밥이다. 포공영(蒲公英)은 민들레를 말하며 성질이 차가우며 맛은 쓰고 달다. 소변을 잘 못 보거나 아랫배가 아픈 증상을 없애주고 근육과 뼈를 튼튼하게 하고 수유부의 경우 젖이 잘 나오게 한다.

재료 및 분량

멥쌀 2컵, 찹쌀 ½컵, 물 3컵
포공영(민들레) 10g, 인삼 1뿌리, 대추 3개, 밤3개, 은행 4알, 표고버섯 1장

만드는 방법

1. 멥쌀과 찹쌀은 깨끗이 씻어 일어서 물에 30분 정도 담갔다가 체에 밭친다.
2. 포공영은 깨끗이 다듬어 씻고 표고버섯은 미지근한 물에 1시간 정도 불린 다음 기둥을 떼어내고 물기를 닦고 0.2cm 두께로 채 썬다.
3. 팬을 달구어 식용유를 두르고 은행을 넣고 굴려가며 살짝 볶아 껍질을 벗긴다.
4. 인삼은 깨끗이 씻은 후 뇌두를 자르고 0.3cm 두께로 어슷 썬다.
5. 밤은 속껍질을 깨끗이 벗기고 4등분한다. 대추는 면포로 닦고 돌려깎기 하여 씨를 빼내고 4등분한다.
6. 냄비에 불린 멥쌀과 찹쌀, 인삼, 대추, 밤, 포공영을 넣고 물을 부은 다음 센불에서 3분 정도 끓이다가 중불로 낮추어 3분 정도 끓인다. 약불로 낮추어 쌀알이 잘 퍼지도록 10분 정도 뜸을 들인다.
7. 밥이 뜸들 때쯤 은행을 밥 위에 얹어주고 2~3분 뒤 불을 끈다.

Tip

* 기호에 따라 양념장을 넣고 비벼 먹을 수도 있다.
* 포공영이 너무 길면 잘라서 사용할 수도 있다.
* 포공영 잎은 삶아서 나물로 무칠 수도 있다.

죽순표고버섯밥

몸에 약이 되는 약선음식

쌀에 죽순과 표고버섯을 넣어 지은 밥이다. 주재료인 죽순은 성질이 차가우며 맛은 달다. 또한 열을 내리고 담을 없애주며 열로 인한 피부발진이 치유되게 하며 변통이 원활히 이루어지게 도와준다. 표고는 죽순과 잘 어울리는 식품이다.

재료 및 분량

멥쌀 2컵, 물 3컵
죽순(통조림) 100g, 소금 ½작은술, 물 3컵
다시마 3g, 물 ½컵
표고버섯 3장
양념장 : 다시마 우린 물 3큰술, 실파 5대, 간장 2큰술, 설탕 1작은술, 고운 고춧가루 1작은술
다진 마늘 ½작은술, 청주 1작은술, 후춧가루 ⅛작은술

만드는 방법

1. 멥쌀은 깨끗이 씻어 일어서 30분 정도 담갔다가 체에 밭친다.
2. 표고버섯은 미지근한 물에 1시간 정도 불려서 기둥을 떼어내고 물기를 닦고 0.2cm 정도로 채 썬다.
3. 죽순은 깨끗이 씻은 다음 폭 · 두께 0.2cm, 길이 4cm 정도로 빗살 모양을 살려 썰고 끓는 물에 소금을 넣고 2분 정도 데친다.
4. 다시마는 젖은 면포로 깨끗이 닦아 끓는 물에 넣고 불을 끄고 5분 정도 우린다. 다시마는 건져내고 다시마 국물로 양념장을 만든다.
5. 냄비에 불린 멥쌀과 죽순, 표고버섯을 넣고 물을 부은 다음, 센불에서 4분 정도 끓이다가 중불로 낮추어 3분 정도 끓인다. 약불로 낮추어 쌀알이 잘 퍼지도록 10분 정도 뜸을 들인다.
6. 주걱으로 고루 섞은 뒤 그릇에 담고 양념장을 곁들인다.

Tip

* 생 죽순을 사용할 때 죽순의 아린 맛을 제거하기 위해 쌀뜨물에 데친다.
* 통조림 죽순은 흰 응고물(회분)을 깨끗이 씻어낸다.
* 죽순은 수확 후 빨리 조리하지 않으면 어린 식물이기 때문에 맛이 떨어진다.

홍화율무밥

몸에 약이 되는 약선음식

멥쌀에 율무와 홍화 및 견과류를 넣고 지은 밥이다. 주재료인 홍화(紅花)는 잇꽃이라고도 불리우며 혈액순환이 잘 되지 않는 이들에게 좋고 산후의 혈운을 치료한다. 잘 알려진 홍화씨는 부러진 뼈를 이어주고 선천적으로 허약한 뼈를 무쇠처럼 튼튼하게 해주며 특히, 폐경기 여성들에게 많이 오는 골다공증의 예방과 치료에 큰 도움이 된다.

재료 및 분량

찹쌀 1컵, 멥쌀 1컵
율무 ¾컵, 물 5컵
홍화 4g, 대추 4개, 은행 8알
소금 1작은술

만드는 방법

1. 율무는 깨끗이 씻어 일어서 물에 30분 정도 담갔다가 냄비에 담고 물을 부어 중불에서 15분 정도 삶아 체에 건진다.
2. 멥쌀과 찹쌀은 깨끗이 씻어 일어 물에 30분 정도 담갔다가 체에 밭친다.
3. 홍화는 체에 담아 흐르는 물에 씻어 건진다.
4. 달구어진 팬에 식용유를 두르고 은행을 넣고 굴려가며 살짝 볶아 껍질을 벗기고, 대추는 젖은 면포로 닦은 후 돌려깎아 씨를 빼고 2~3등분한다.
5 냄비에 삶아 놓은 율무와 쌀, 홍화, 대추, 소금을 넣고 물을 부은 다음 센불에서 4분 정도 끓이다가 중불로 낮추어 3분 정도 끓인다. 약불로 낮추어 쌀알이 잘 퍼지도록 10분 정도 뜸을 들인다.
6. 뜸이 들 때쯤 은행을 밥 위에 얹고 2~3분 뒤 불을 끈다.

Tip

* 기호에 따라 양념장을 만들어 비벼 먹기도 한다.
* 껍질 벗기지 않은 율무를 볶아서 차로 달여 먹기도 한다.

호두은행밥

몸에 약이 되는 약선음식

찹쌀과 멥쌀에 견과류를 넣고 지은 밥으로, 청소년기 학생들에게 더할 나위 없이 좋은 보양식이다. 호두는 성질이 온화하고 맛은 달며 간과 신장을 자양하고 보한다. 장을 윤택하게 하고 머리를 검게 하며 폐와 신장의 허약부족, 불면증, 건망증 등에 효과가 있다

재료 및 분량

찹쌀 1½컵, 멥쌀 1컵, 물 3컵
은행 8알, 호두 ½컵, 잣 1½큰술, 소금 ½작은술

만드는 방법

1. 찹쌀과 멥쌀은 깨끗이 씻어 일어서 물에 30분 정도 담갔다가 체에 밭친다.
2. 호두는 끓는 물에 데쳐 껍질을 벗기고 반으로 자른다.
3. 달구어진 팬에 식용유를 두르고 은행을 넣고 굴려가며 살짝 볶아 껍질을 벗긴다.
4. 잣은 고깔을 떼고 면포로 닦는다.
5. 냄비에 불린 멥쌀과 찹쌀, 호두 소금을 넣고 물을 부은 다음 센불에서 4분 정도 끓이다가 중불로 낮추어 3분 정도 끓인다. 약불로 낮추어 쌀알이 잘 퍼지도록 10분 정도 뜸을 들인다.
6. 뜸이 들 때쯤 은행과 잣을 위에 얹고 2~3분 뒤 불을 끈다.

Tip

* 호두와 잣은 기호에 따라 가감할 수도 있다.
* 기호에 따라 양념장을 만들어 비벼 먹기도 한다.

황정(黃精)밥

藥 몸에 약이 되는 약선음식

쌀에 황정물을 넣고 지은 밥이다. 콜레스테롤을 저하시켜 줄 수 있어 성인병 예방에 좋다. 황정(黃精)은 둥굴레라고 잘 알려져 있으며 비장과 위장의 허약을 다스린다. 특히 몸이 나른하고 무기력한 증상에 효과적이다.

재료 및 분량

멥쌀 2½컵
황정(둥글레) 15g, 물 3½컵

만드는 방법

1. 멥쌀은 깨끗이 씻어 일어서 물에 30분 정도 담갔다가 체에 밭친다.
2. 황정을 깨끗이 씻어 두께 0.3~0.5cm 정도로 잘라서 미지근한 물에 30분 정도 불려 체에 거른다.
3. 냄비에 쌀을 넣고 황정과 우려낸 물을 부은 다음 센불에서 3분 정도 끓이다가 중불로 낮추어 4분 정도 끓인다.
4. 약불로 낮추어 쌀알이 잘 퍼지도록 10분 정도 뜸을 들인다.

Tip

* 기호에 따라 황정물만 넣을 수도 있다.
* 밥물이 끓어 넘치면 냄비 뚜껑을 살짝 열었다가 덮는다.

국화(菊花)밥

몸에 약이 되는 약선음식

멥쌀에 국화물을 넣고 지은 밥이다. 국화는 두통이나 풍열을 없애고 청열을 해독하고 눈을 밝게 하며 머리를 좋게 하므로 신경을 많이 쓰는 사람들이나 수험생들에게 좋다. 국화꽃은 말려 베개 속에 넣으면 잠이 잘 온다.

재료 및 분량

멥쌀 2½컵
국화 물 : 말린 국화 7g, 물 3½컵

만드는 방법

1. 멥쌀은 깨끗이 씻어 일어서 물에 30분 정도 담갔다가 체에 발친다.
2. 끓는 물에 국화를 넣고 3분 정도 끓이다가 체에 내리고 국화는 걸러낸다.
3. 냄비에 불린 멥쌀을 넣고 국화물 3컵을 부은 다음 센불에서 4분 정도 끓이다가 중불로 낮추어 3분 정도 끓인다. 약불로 낮추어 10분 정도 뜸을 들인다.
4. 밥을 주걱으로 살살 펴서 그릇에 담고, 국화물을 우려내고 건져놓은 국화 꽃잎을 뜯어 밥 위에 얹는다.

Tip

* 국화 물을 우려내는 대신 국화가루를 이용하기도 한다.
* 국화의 어린 싹은 데쳐서 나물로 먹기도 한다.

황기곤드레나물밥

몸에 약이 되는 약선음식

황기 끓인 물과 곤드레나물을 넣고 지은 밥이다. 곤드레나물은 정맥을 확장하고 정맥종을 치료하는데 효과가 있는 것으로 알려져 있으며 지혈작용, 소염작용, 이뇨작용 등에 도움이 된다. 또 성인병 예방 및 변비 예방에도 좋다.

재료 및 분량

멥쌀 2½컵, 곤드레나물 200g
황기물 : 황기 10g, 물 5컵
양념장 : 간장 3큰술, 매실발효액 2큰술, 참기름 1큰술, 통깨 1큰술, 청고추 ½개, 홍고추 ½개

만드는 방법

1. 멥쌀은 깨끗이 씻어 일어서 물에 30분 정도 담갔다가 체에 밭친다.
2. 곤드레나물은 깨끗이 다듬어 씻어 끓는 물에 3분 정도 데친 다음 찬물에 헹구어 물기를 짠다.
3. 냄비에 황기를 넣고 물을 부은 다음 중불에서 20분 정도 끓여 3컵 정도가 되게 한다.
4. 냄비에 불린 멥쌀과 곤드레나물을 넣고 황기물을 부은 다음 센불에서 3분 정도 끓이다가 중불로 낮추어 3분 정도 끓인다. 쌀알이 잘 퍼지도록 약불에서 10분 정도 뜸을 들인다.
5. 청 · 홍고추는 깨끗이 다듬어 씻어 씨와 속을 떼어내고 가로 · 세로 0.3cm 정도로 다져 양념장을 만든다.
6. 주걱으로 고루 섞은 후 그릇에 담고 양념장을 곁들인다.

Tip

* 매실발효액은 매실과 설탕을 동량으로 넣고 3개월간 숙성시킨다.
* 곤드레나물은 끓는 물에 데쳐 나물로 무쳐 먹기도 한다.

산나물밥

몸에 약이 되는 약선음식

멥쌀에 여러 가지 나물을 넣고 지은 밥으로 양념장에 비벼 먹는다. 봄 · 여름 · 가을에는 여러 가지 산나물을 넣고 밥을 짓고, 겨울에는 말린 나물을 불려서 밥을 짓는다.

재료 및 분량

멥쌀 2⅓컵(420g), 밥물 2컵
불린 고사리 70g, 참취 75g, 참나물 75g
나물 데치는 물 : 물 5C, 소금 ¼작은술, 청장 1큰술, 참기름 1큰술
비빔양념장 : 비빔양념장 : 간장 2큰술, 고춧가루 2작은술, 다진 파 1작은술, 다진 마늘 1작은술, 깨소금 1큰술, 참기름 1큰술

만드는 방법

1. 멥쌀은 깨끗이 씻어 30분 정도 불린 다음 물기를 뺀다.
2. 불린 고사리와 참취 · 참나물은 다듬어 씻고 물기를 뺀다.
3. 냄비에 물을 붓고 센불에 5분 정도 올려 끓으면, 소금을 넣고 참취와 참나물을 각각 20초 정도 데친 다음 찬물에 헹구어 물기를 빼고, 불린 고사리와 함께 길이 3~4cm로 썰어서 청장을 넣고 양념한다.
4. 냄비에 참기름을 두르고, 불린 고사리와 참취 · 참나물을 넣고, 센불에서 1분 정도 볶다가 멥쌀과 물을 넣고 8분 정도 끓인 다음 중불로 낮추어 3분 정도 더 끓인다.
5. 약불로 낮추어 10분 정도 뜸을 들인다.
6. 그릇에 담고 비빔양념장과 함께 낸다.

Tip

* 계절에 따라 나오는 다른 종류의 산나물을 넣고 밥을 짓기도 한다.
* 양념장에 청양고추나 들기름을 넣기도 한다.
* 산나물밥은 젓가락으로 비벼야 잘 비벼진다.

은행죽순밥

몸에 약이 되는 약선음식

은행에는 장코플라톤이라는 성분이 있어 혈액순환을 좋게 하고 혈전을 없애 혈액의 노화를 막으며 치매와 야뇨증 치료에도 도움이 된다.
죽순은 단백질과 비타민, 미네랄이 풍부하여 인체 신진대사를 원활하게 해주며 식이섬유가 풍부해 장의 연동운동을 촉진시켜 변비예방에도 좋다. 식이섬유는 콜레스테롤 흡수를 낮춰 비만과 성인병 예방에도 효과가 있는 것으로 알려져 있다.

재료 및 분량

멥쌀 2컵, 찹쌀 ½컵,
죽순 100g, 은행 66g, 식용유 1작은술
소금물 : 밥물 3컵, 소금 작은술
비빔양념장 : 다진 청고추 5g, 다진 홍고추 5g, 간장 3큰술, 고춧가루 ½작은술, 다진 파 1큰술, 다진 마늘 1작은술, 깨소금 1큰술, 후춧가루 ⅛작은술, 참기름 2작은술

만드는 방법

1. 멥쌀과 찹쌀은 깨끗이 씻어 30분 정도 불린 다음 물기를 뺀다.
2. 죽순은 씻어 빗살무늬를 살려 가로 2cm, 세로 2cm, 두께 0.2cm 정도로 썬다.
3. 냄비에 물을 붓고 센불에 3분 정도 올려 끓으면, 죽순을 넣고 2분 정도 데친다.
4. 은행은 팬을 달구어 식용유를 두르고 중불에서 2분 정도 볶아서 껍질을 벗긴다.
5. 냄비에 멥쌀과 찹쌀을 넣고 소금물을 붓고 죽순과 은행을 넣어 센불에 4분 정도 올려 끓으면, 4분 정도 끓이다가 중불로 낮추어 3분 정도 끓인 다음 약불로 낮추어 10분 정도 뜸을 들인다.
6. 그릇에 담고 비빔양념장과 함께 낸다.

Tip

* 껍질 벗긴 볶은 은행은 냉장고에 바로 넣으면 색이 파랗게 유지된다.
* 생죽순을 사용할 때는 쌀뜨물에 껍질째 삶아서 사용한다.
* 통조림 죽순은 하얀 석회 응고물을 잘 씻어서 사용한다.
* 찹쌀을 섞지 않고 멥쌀로만 밥을 짓기도 한다.

연근밥

몸에 약이 되는 약선음식

연근은 한방에서 우절이라고 하여 연꽃의 뿌리를 말하는 것으로 성질이 따뜻하고 맛은 달고 독이 없다. 혈액순환을 도와 신진대사를 활발하게 해주며 끈적한 즙인 '뮤신'은 섬유질이 풍부하고 소화기능을 강화시켜 주는 효능이 있다. 출혈성 질환, 빈혈 등에 좋고 강장작용으로 위궤양에 좋다고 한다. 연근의 철분, 탄닌 성분은 소염 작용을 하며 특히 위염, 위궤양, 코피를 자주 흘릴 때도 효과적이다.

재료 및 분량

찹쌀 2컵, 차조 50g
연근 200g, 식초 2큰술, 소금 1작은술
밥물 2½컵, 소금 ½작은술

만드는 방법

1. 찹쌀은 깨끗이 씻어 30분 정도 불린 다음 물기를 뺀다.
2. 차조는 깨끗이 씻어 일어서 물기를 뺀다.
3. 연근은 씻어서 껍질을 벗기고 폭 0.5cm로 썬 다음 다시 가로 · 세로 1.5cm로 썰어서 식촛물에 담가 건진다.
4. 냄비에 물을 붓고 센불에 8분 정도 올려 끓으면 연근과 소금을 넣고 중불로 낮추어 40분 정도 삶는다.
5. 냄비에 연근과 찹쌀을 넣고 물을 부어 센불에 4분 정도 끓이다가 차조를 넣고 중불로 낮추어 6분 정도 끓인다.
6. 약불로 낮추어 10분 정도 뜸을 들인 후 불을 끄고 5분 정도 둔다.

Tip

* 찜기나 시루에 연근밥을 찔 때는 소금물을 중간에 고루 뿌리고 찐다.
* 차조를 처음부터 넣고 연근밥을 지으면 차조가 너무 풀어지므로 중간에 넣는다.

우엉수제비

몸에 약이 되는 약선음식

우엉의 성질은 차고 맛이 쓰며 우엉의 이눌린 성분은 신장 기능을 도와 몸에 쌓인 노폐물의 배설작용을 돕는다. 또한 우엉 속 탄닌 성분은 염증을 없애는 소염작용을 해, 아토피나 여드름 등의 피부질환에도 좋아 우엉을 분말화 하여 수제비를 만들어 섭취하면 남녀노소 누구나 즐길 수 있다.

재료 및 분량

우엉 200g, 쌀가루 300g, 된장 4큰술, 물 5컵,
파 1뿌리, 다진 마늘 1큰술, 산초가루 ¼작은술

만드는 방법

1. 우엉은 깨끗이 씻어 껍질을 벗고 강판에 곱게 간다.
2. 쌀가루에 갈아놓은 우엉을 넣고 고루 섞어 수제비 반죽을 만들고 젖은 면포로 덮어 30분간 숙성시킨다.
3. 냄비에 물을 붓고 된장을 풀어 끓이 시작하면 수제비 반죽을 두께 0.3cm, 지름 3cm 정도 크기로 떼어 넣는다.
4. 수제비 반죽이 끓어 떠오르면 중불로 낮추고 송송 썬 파와 다진 마늘, 산초가루를 넣고 3분 정도 더 끓인다.

Tip

* 우엉을 건조한 후 가루를 만들어 사용해도 된다.
* 우엉을 고를 때에는 껍질이 마르지 않고 잔털이 없으며 중간 굵기인 것이 좋다.
* 우엉을 보관할 때는 마르지 않게 신문지에 싸서 보관하는 것이 좋다.
* 우엉은 맛이 쓰며 성질이 차다. 풍열을 제거해 부기와 종기를 다스린다. 혈액순환을 원활하게 하여 월경통을 다스린다. 또한 이눌린이 신장기능을 도와 몸에 쌓인 노폐물의 배설작용을 돕는다.

구기자메밀국수

몸에 약이 되는 약선음식

구기자국물에 메밀국수를 삶아 넣고 만든 음식이다. 영양이 풍부하고 시원하기 때문에 입맛을 잃기 쉬운 여름에 즐겨 먹을 수 있다. 메밀은 교맥(蕎麥)이라고도 부르며, 위와 장을 튼튼하게 하며 설사, 곽란, 딸꾹질 등에 효과가 있다. 서늘한 성질이 있어 몸에 열이 많은 사람이나 가슴이 답답하고 변이 굳은 사람에게 좋다.

재료 및 분량

메밀국수 400g, 무 100g, 실파 20g, 겨자(고추냉이) 2작은술
구기자국물 : 구기자 20g, 물 9컵, 표고버섯 4장, 멸치 20g, 가쓰오부시 15g
국수물 : 구기자 국물 7컵, 간장 6큰술, 설탕 2½큰술, 청주 2½큰술

만드는 방법

1. 멸치는 내장을 꺼내고 팬에 1~2분 정도 볶는다.
2. 냄비에 물과 구기자 · 표고버섯 · 볶은 멸치를 넣고 15분 정도 끓이다가 체에 걸러 가쓰오부시를 넣고 5분 정도 두었다가 체에 밭친다.
3. 구기자물에 간장과 청주, 설탕을 넣고 살짝 끓인 후 체에 걸러 국수물을 만들고 차게 식힌다.
4. 메밀국수는 끓는 물에 삶아 찬물에 비벼 헹구어 사리를 만들고 채반에 올려 물기를 뺀다.
5. 무는 깨끗이 씻어 껍질을 벗기고 강판에 갈아 무즙을 만든다.
6. 실파는 송송 썬다.
7. 그릇에 국수를 담고 국물을 붓고 무즙과 송송 썬 실파, 고추냉이를 곁들인다.

Tip

* 가쓰오부시는 끓이면 떫은 맛이 나므로 끓이지 않는다.
* 가쓰오부시는 가다랭이포를 말하며 가다랭이를 쪄서 말린 후 훈제하는 과정을 3번 반복해서 만든다. 나무토막처럼 생겼는데, 대패로 얇게 밀어서 사용한다.

단호박호두샐러드

몸에 약이 되는 약선음식

단호박을 삶은 후 호두와 치커리를 넣고 달콤하게 소스를 만들어 버무린 음식으로 영양소가 풍부하여 성장기 어린이들 발육에 좋다. 단호박은 맛이 밤처럼 달아 밤호박이라고도 불리며, 녹말과 무기염류가 풍부하고, 비타민 B · C가 많이 들어 있다. 또한 호두는 불포화지방의 일종인 오메가 −3 지방이 많이 함유되어 있고, 단백질 · 비타민 B_2 · 비타민 B_1 등이 풍부하다.

재료 및 분량

단호박 ⅓개, 호두 ¼컵, 올리브 오일 1큰술
치커리 100g, 올리브오일 1큰술, 소금 ½작은술
꿀소스 : 꿀 2큰술, 올리브오일 1큰술

만드는 방법

1. 단호박은 이등분하여 찜기의 물이 끓으면 15분 정도 찐다.
2. 찐 단호박은 속과 씨를 긁어낸 후 가로 2cm, 세로 2.5cm 크기로 썬다.
3. 호두는 미지근한 물에 불려 껍질을 벗긴 다음, 팬을 달구어 올리브오일을 두르고 중불에서 4분 정도 볶는다.
4. 치커리는 깨끗이 씻어 물기를 뺀 뒤 길이 6cm 정도로 자르고 올리브오일과 소금을 넣어 가볍게 버무린다.
5. 그릇에 재료를 모두 담고 꿀소스를 넣어 버무린다.

Tip

* 기호에 따라 꿀을 더 넣을 수도 있다.
* 소스는 먹기 직전에 무쳐야 국물이 생기지 않는다.

백복령산약샐러드

몸에 약이 되는 약선음식

산약과 해산물, 채소를 백복령 소스에 버무린 음식이다. 사춘기 여학생들의 과도한 스트레스를 안정시켜 줄 수 있어 좋다. 백복령(白茯苓)은 흰솔풍령이라고도 불리며 소나무를 베어낸 곳에 자란다. 피부의 수분대사를 원활히 하여 잡티, 기미, 주근깨 제거에도 좋다. 레시틴과 무기질을 다량 함유하고 있어 피부를 좋게 한다.

재료 및 분량

산약(마) 150g, 칵테일 새우 100g, 껍질 벗긴 홍합 100g,
방울토마토 50g, 청피망 20g, 노랑피망 20g, 홍피망 20g
백복령물 : 백복령 20g, 물 5컵
백복령소스 : 백복령 가루 10g, 레몬주스(레몬즙)8g, 올리브오일 20g, 설탕 1큰술 식초 1큰술
다진 마늘 2g, 다진 양파 5g, 소금 ¼작은술, 흰후춧가루 ⅛작은술

만드는 방법

1. 백복령은 깨끗이 씻어 냄비에 넣고 물을 부은 다음, 30분 정도 끓여 백복령은 건진다.
2. 새우와 홍합은 깨끗이 씻어 백복령물에 3분 정도 데친 후 식힌다.
3. 산약은 깨끗이 씻어 껍질을 벗기고 길이로 반 잘라 반달썰기하고 끓는 물에 1분 정도 데친다.
4. 방울토마토는 깨끗이 씻어 길이로 2등분한다.
5. 청 · 홍 · 노란색 피망은 반을 가른 후 씨와 속을 떼어내고 토마토와 같은 크기로 썬다.
6. 백복령소스를 만들어 준비한 재료와 함께 가볍게 섞는다.

Tip

* 방울토마토 대신에 토마토를 썰어서 사용해도 좋다.
* 큰 토마토를 사용할 경우 끓는 물에 데쳐 껍질을 벗긴다.
* 칵테일 새우를 사용할 수도 있다.

달래쇠고기샐러드

몸에 약이 되는 약선음식

쇠고기구이와 달래에 달콤한 홍시소스를 곁들여 먹는 음식으로 몸에 활력을 불어 넣어 주는 음식이다. 달래는 산산(山蒜)이라고도 부르며, 마늘과 영양 및 효능이 비슷해 식욕을 돋우고 강장작용을 한다. 또한 위장을 튼튼하게 하여 소화를 돕는다. 달래에는 특히 비타민 C가 많아 피부에도 좋으며 빈혈 및 동맥경화 예방 효과가 있다.

재료 및 분량

달래 100g
쇠고기(안심) 300g, 소금 ½큰술, 후춧가루 1작은술, 청주 1큰술, 양파즙 2큰술, 식용유 2큰술
홍시소스 : 홍시 6큰술, 꿀 1큰술, 레몬즙 ½큰술, 설탕 ½큰술, 소금 ¼작은술

만드는 방법

1. 달래는 깨끗이 씻어 건진 후 4cm 정도의 길이로 썬다.
2. 쇠고기는 가로 2cm, 세로 5cm, 두께 0.2cm 정도로 썰고 소금과 후추 · 청주 · 양파즙으로 간을 한다.
3. 달구어진 팬에 식용유를 두르고 쇠고기를 넣어 앞뒤로 골고루 지진다.
4. 홍시는 체에 걸러 분량의 재료를 고루 섞어 홍시소스를 만든다.
5. 그릇에 구운 쇠고기와 달래를 담고 홍시소스를 끼얹는다.

Tip

* 고기를 부드럽게 하기 위해 양파즙 대신에 배즙을 사용하기도 한다.
* 달래 뿌리가 너무 굵으면 길이로 2등분한다.
* 신선한 상태로 버무려야 향이 강하다.

씀바귀나물

몸에 약이 되는 약선음식

데친 씀바귀에 톳나물을 넣어 매콤하게 무친 음식이다. 씀바귀의 어린잎과 뿌리는 위장에 좋아 한방에서 약재로 쓰는데, 오장의 사기(邪氣)와 내열(內熱)을 없애고 심신을 편안하게 하며 악창(惡瘡)을 다스린다. 이른 봄, 언 땅을 뚫고 나오는 씀바귀를 많이 먹으면 여름에 더위를 먹지 않는다고 하며, 뿌리가 특히 연하고 칼슘과 철, 비타민 등이 풍부하다.

재료 및 분량

씀바귀나물 200g, 물 5컵, 소금 $\frac{1}{4}$작은술
톳나물 100g, 물 5컵
양념장 : 고춧가루 2큰술, 고추장 3큰술, 다진 파 2작은술, 다진 마늘 1작은술, 식초 1큰술
설탕 1큰술, 유자청 2작은술, 깨소금 1작은술, 참기름 $\frac{1}{2}$작은술

만드는 방법

1. 씀바귀는 다듬어 깨끗이 씻고 끓는 물에 소금을 넣고 3분 정도 삶아 찬물에 헹구고, 찬물에서 5시간 정도 쓴맛을 우려낸 다음에 물기를 빼고 7cm 정도의 길이로 썬다.
2. 톳나물은 다듬어 깨끗이 씻고 끓는 물에 살짝 데쳐서 찬물에 헹궈 물기를 뺀다.
3. 양념장을 만든다.
4. 씀바귀와 톳에 양념장을 넣고 버무린다.

Tip

* 말린 톳은 물에 불려서 사용한다.
* 먹기 직전에 무쳐야 물이 생기지 않는다.
* 대추를 채 썰어서 넣고 같이 무치기도 한다.

들깨버섯나물

몸에 약이 되는 약선음식

느타리버섯을 데쳐서 고소한 들깨양념을 넣고 버무린 음식이다. 주재료인 들깨는 각종 비타민과 식물성 기름이 풍부하게 들어 있어 피부 미용뿐만 아니라 콜레스테롤이 혈관에 쌓이지 않도록 예방하는 효능이 있기 때문에 동맥경화 등 성인병 예방에 아주 효과적이며 두뇌 발달과 기억력 증진에도 도움을 줄 수 있다.

재료 및 분량

느타리버섯 300g, 물 5컵, 소금 ½작은술
실파 10g
양념장 : 간장 ½큰술, 소금 ½작은술, 들기름 1작은술, 들깨가루 1큰술

만드는 방법

1. 느타리버섯을 다듬어 깨끗이 씻는다.
2. 냄비에 물을 넣고 센불에서 끓으면 소금을 넣고 느타리버섯을 넣어 데쳐서 물기를 빼고 0.8cm 굵기로 찢는다.
3. 실파는 다듬어 깨끗이 씻은 후 송송 썬다.
4. 양념장을 만든다.
5. 느타리버섯과 실파에 양념장을 넣고 버무린다.

Tip

* 여러 종류의 버섯을 더 섞을 수도 있다.
* 느타리버섯을 너무 오래 데치면 물러지므로 주의한다.

닭고기행인냉채

몸에 약이 되는 약선음식

담백한 닭가슴살에 채소와 행인(杏仁)소스를 넣어 버무린 음식으로 여성의 다이어트 및 피부미용에 좋은 음식이다. 행인(살구씨)은 성질이 따뜻하고 맛은 달고 시다. 폐가 건조한 경우에 윤기가 돌게 하여 폐를 보하여 주고, 체내 수분 생성을 도와 위에 수분을 공급해 준다.

재료 및 분량

닭가슴살 300g, 청주 1작은술, 소금 ¼작은술, 후춧가루 ⅛작은술
노랑 · 빨강 · 녹색 파프리카 각각 ¼개씩
행인(살구씨)소스 : 행인(살구씨)가루 20g, 식초 2큰술, 설탕 2큰술, 꿀 1큰술, 소금 1작은술, 레몬즙 1큰술

만드는 방법

1. 닭가슴살은 청주와 소금 후춧가루를 뿌려 밑간을 한다. 팬을 달구어 식용유를 두르고 닭가슴살을 넣고 앞 · 뒤로 익힌 다음 폭 · 두께 0.7cm, 세로 6cm 정도로 찢는다.
2. 노랑, 빨강, 녹색 파프리카는 깨끗이 씻은 후 길이로 반을 잘라 씨와 속을 떼어내고 폭 0.5cm, 길이 5cm 정도로 썬다.
3. 행인(살구씨)소스를 만든다.
4. 그릇에 노랑 · 빨강 · 녹색 파프리카를 담고 닭고기에 행인(살구씨)소스를 넣고 버무린다.

Tip

* 닭 가슴살은 굽지 않고 데쳐서 쓰기도 한다.
* 파프리카 대신에 다른 채소를 사용할 수도 있다.
* 속껍질이 있는 살구씨는 끓는 물에 담가 껍질을 벗긴다.

국화해파리냉채

몸에 약이 되는 약선음식

소금기를 뺀 해파리에 소스를 넣어 새콤하게 버무린 음식으로 새콤달콤한 맛과 국화의 향이 어우러져 입맛을 돋워 주는 음식이다. 해파리는 주성분이 수분과 단백질로 이루어져 있다. 단백질의 주성분은 젤라틴으로 칼로리가 거의 없어 다이어트 식품으로 좋으며 변비 예방에 효과가 있다.

재료 및 분량

해파리(소금에 절인 것) 200g, 식초 1큰술, 설탕 1큰술
오이 1개, 국화 3g
목통물 : 목통 10g, 물 1½컵
양념장 : 목통물 ½컵, 다진 마늘 1큰술, 식초 2큰술, 설탕 ½큰술, 소금 ¼큰술, 하고초꽃 10g

만드는 방법

1. 해파리는 깨끗이 씻어 미지근한 물에 3시간 정도 담갔다가 짠맛이 빠지면 건져 물기를 빼고 식초와 설탕에 20분 정도 재웠다가 건진다.
2. 오이는 소금으로 비벼 깨끗이 씻고 두께 0.3cm, 길이 5cm 정도로 어슷 썰어 채 썰고 찬물에 담갔다가 건진다.
3. 냄비에 목통을 넣고 물을 부은 다음, 중불에서 ½컵이 되도록 끓인다.
4. 목통물에 식초와 설탕 · 소금 · 다진 마늘 · 하고초꽃 부순 것을 넣고 양념장을 만든다.
5. 그릇에 오이 썬 것과 해파리를 켜켜로 담고 국화를 뜯어 위에 얹은 후 양념장을 끼얹는다.

Tip

* 오이는 돌려깎아 씨를 빼내고 껍질부분을 채 썰어 사용하기도 한다.
* 하고초꽃을 너무 잘게 부수면 지저분하므로 주의한다.
* 식초와 설탕에 레몬즙을 한 방울 떨어뜨리면 해파리 특유의 냄새가 없어진다.

멍게무침

몸에 약이 되는 약선음식

손질한 멍게에 채소와 양념장을 넣고 버무린 음식이다. 멍게의 특유한 맛은 불포화 알코올인 신티올(cynthiol) 때문이며, 수온이 높은 여름철에 맛이 가장 좋은데 이는 글리코겐(glycogen)의 함량(약 11.6%)이 다른 동물에 비해 많기 때문이다. 또한 인체에 필요한 미량 금속 성분인 바나듐(vanadium)이 들어 있어 신진대사를 원활하게 하고 당뇨병을 개선하는 효과가 있으며 스테미너에 도움이 된다.

재료 및 분량

멍게 600g, 미나리 20g, 양파 ¼개, 홍고추 ¼개, 청고추 ½개

양념장 : 고추장 2큰술, 고춧가루 1큰술, 다진 파 1작은술, 다진 마늘 1작은술
다진 생강 ½작은술, 식초 2큰술, 설탕 ½큰술, 통깨 ½작은술

만드는 방법

1. 멍게는 씻어 끝부분을 자르고 껍질 속의 살을 꺼내어 내장을 저며 낸 다음에 2~4등분하여 체에 밭친다.
2. 미나리는 잎은 떼어내고 줄기만 다듬어 깨끗이 씻은 후 4~5cm 정도의 길이로 썬다.
3. 양파와 청 · 홍고추는 다듬어 깨끗이 씻어서 폭 0.2cm, 길이 5cm 정도로 채 썬다.
4. 양념장을 만든다.
5. 준비된 재료에 양념장을 넣고 무친다.

Tip

* 멍게는 미리 무치면 물이 많이 생기므로 먹기 직전에 무친다.
* 해삼을 같이 넣고 무쳐도 좋다.

수육깻잎생채

몸에 약이 되는 약선음식

쇠고기를 삶아 수육을 만들어 참깨소스와 깻잎을 곁들여 먹는 음식으로 소화기관을 튼튼하게 하여 기운을 돋워 주므로 몸이 찬 사람이나 병후 허약자에게 최고의 음식이다. 쇠고기의 성질은 평(平)하고 맛은 달며 독이 없다. 소의 고기는 성질이 차고, 황소의 고기는 성질이 따뜻하다.

재료 및 분량

쇠고기(사태) 200g, 생강 5g, 마늘 3쪽, 양파 ¼개, 대파 15g
깻잎 50g, 쑥갓 15g
참깨소스 : 참깨 4큰술, 육수 2큰술, 간장 1큰술, 식초 2큰술, 설탕 1½큰술, 청주 1큰술

만드는 방법

1. 쇠고기는 핏물을 닦고 냄비에 물을 부은 다음, 센불에서 끓으면 고기를 넣고 중불로 낮추어 30분 정도 삶다가 생강 · 마늘 · 양파 · 대파를 넣고 30분 정도 더 삶는다.
2. 쇠고기는 건져 식혀서 폭 4cm, 길이 2cm, 두께 0.2cm 정도로 썰고 육수는 차게 식혀 면포에 걸러 기름기를 걷어낸다.
3. 깻잎과 쑥갓은 다듬어 깨끗이 씻은 후 깻잎은 폭 0.5cm, 길이 5cm 정도로 썰고, 쑥갓은 다듬어 깨끗이 씻은 후 길이 5cm 정도로 썬다.
4. 참깨는 깨끗이 씻어 일어서 물기를 빼고 팬에 볶은 후 믹서기에 넣고 갈아 양념장을 만든다.
5. 그릇에 편육과 깻잎, 쑥갓을 담고 참깨소스를 곁들인다.

Tip

* 쇠고기 대신 돼지고기를 사용하기도 한다.
* 깻잎과 쑥갓은 냉수에 잠깐 담갔다 사용하면 싱싱하다.
* 참깨 대신 잣을 넣고 소스를 만들 수도 있다.

죽순채홍시소스무침

몸에 약이 되는 약선음식

죽순과 고기, 채소를 홍시소스에 버무린 음식으로 환절기에 먹으면 감기예방에 도움을 줄 수 있다. 감은 맛이 달고 떫으며 차가운 성질이 있다. 한방에서는 가슴이 답답할 때 담이 많고 기침이 나올 때 만성기관지염 등에 사용하며 열이 나고 목이 마를 때 먹으면 좋고 알코올 성분을 빨리 산화시켜 숙취해소에도 좋다.

재료 및 분량

죽순(통소림) 30g, 미나리 20g, 숙주 40g, 달걀 1개, 대추 3개, 식용유
쇠고기 40g, 표고버섯 10g
쇠고기 · 표고버섯양념장 : 간장 ½큰술, 설탕 ¼큰술, 다진 파 ½작은술
다진 마늘 ¼작은술, 깨소금 ¼작은술, 후춧가루 ⅛작은술, 참기름 ½작은술
홍시소스 : 홍시(체에 내린 것) 40g, 감식초 2큰술, 설탕 ½큰술, 꿀 ½큰술
소금 ¼작은술, 레몬즙 1큰술

만드는 방법

1. 숙주는 머리와 꼬리를 떼고 깨끗이 씻어 끓는 물에 소금을 넣고 데쳐 건진다.
2. 미나리는 잎은 떼어내고 줄기만 다듬어 깨끗이 씻은 다음, 끓는 물에 소금을 넣고 살짝 데쳐 찬물에 헹구고 3cm 길이로 썬다.
3. 쇠고기는 핏물을 닦고 폭과 두께 0.5cm, 길이 5cm 정도로 채 썰고 쇠고기 · 표고버섯 양념 ½을 넣고 양념한 후 달구어진 팬에 볶는다.
4. 표고버섯은 미지근한 물에 1시간 정도 불린 후 기둥을 떼어 내고 폭과 두께 0.5cm, 길이 5cm 정도로 채 썰어 쇠고기 · 표고버섯양념 ½로 양념한 다음 달구어진 팬에 식용유를 두르고 볶는다.
5. 죽순은 깨끗이 씻고 빗살 모양을 살려서 폭과 두께 0.5cm, 길이 5cm 정도로 채 썬다.
6. 달걀은 황백지단으로 부쳐서 폭 0.3cm, 길이 4cm 정도로 채 썬다.
7. 대추는 젖은 면포로 닦고 돌려깎은 후 씨를 빼고 0.3cm 폭으로 채 썬다.
8. 홍시소스를 만든다.
9. 준비한 재료에 홍시소스를 넣고 무친다.

Tip

* 미나리 줄기가 굵으면 반으로 잘라 사용할 수도 있다.
* 소스는 먹기 직전에 넣고 무쳐야 좋다.
* 죽순 속의 흰 응고물(회분)을 긁어내고 깨끗이 씻어 사용한다.

더덕백초무침

몸에 약이 되는 약선음식

더덕을 잘게 찢어 백초(百草)소스에 무친 음식이다. 더덕은 사삼(沙蔘)이라고도 하며 성질이 차고 맛이 아리다. 더덕은 폐 기운을 돋워주기 때문에 기관지염, 해소병의 약재로 이용되어 왔으며 위장 기능을 강하게 하고 산후 몸조리에도 효과가 있는 음식으로 알려져 있다.

재료 및 분량

더덕 400g, 소금 2½큰술
소스 : 잣 50g, 백초 3큰술, 검은깨 1큰술, 식초 1큰술

만드는 방법

1. 더덕은 깨끗이 씻어 껍질을 벗기고 소금물에 담갔다가 길이로 반을 잘라 밀대로 밀어서 두께 0.5㎝, 길이 6cm 정도로 찢는다.
2. 믹서기에 잣과 백초 · 검은깨 · 식초를 넣고 갈아서 소스를 만든다.
3. 더덕에 백초소스를 넣고 무친다.

Tip

* 백초는 100가지 약초를 동량의 설탕을 넣고 100일간 발효시켜 걸러낸 청이다.
* 소스에 흰깨나 호두를 갈아서 넣을 수도 있다.

오미자소스돌나물무침

몸에 약이 되는 약선음식

돌나물에 오미자소스를 넣고 버무린 음식이다. 돌나물은 청열(淸熱), 소종(消腫), 해독(奚毒), 간염에 좋다고 한다. 어린 줄기와 잎은 김치를 담가 먹는데 향미가 있으며 연한 순은 나물로 무쳐 먹는다. 오미자는 오미(五味)를 내며 유기산이 많아 피로회복에 좋다.

재료 및 분량

돌나물 100g
오미자 발효액 4큰술, 식초 2작은술, 소금 ½작은술, 설탕 1작은술

만드는 방법

1. 돌나물은 다듬은 후에 깨끗이 씻어 물기를 뺀다.
2. 오미자 발효액에 식초와 소금, 설탕을 넣어 소스를 만든다.
3. 돌나물에 오미자소스를 넣고 무친다.

Tip

* 오미자발효액은 오미자에 동량의 설탕을 넣어 3개월간 발효시켜 걸러낸 청이다.
* 매실소스를 넣고 무칠 수도 있다.
* 돌나물은 줄기와 잎이 연하므로 문지르지 말고 살살 잘 씻는다.

오미자해초무침

몸에 약이 되는 약선음식

불린 해초에 새콤한 오미자소스를 곁들여 먹는 음식이다. 오미자(五味子)는 한방에서 자양(滋養), 강장, 진해(鎭咳), 거담(祛痰), 지한(止汗), 해수, 유정(遺精), 구갈(口渴), 도한(盜汗), 급성간염 등에 처방되며, 차로 마시거나 술을 담가 먹기도 한다.

재료 및 분량

모둠 해초 불린 것 150g(말린 모둠 해초 30g)
오미자 소스 : 오미자 발효액 3큰술, 식초 1½큰술, 소금 ½작은술

만드는 방법

1. 마른 해초를 찬물에 1시간 정도 불려 깨끗이 씻은 다음 물기를 뺀다.
2. 오미자소스를 만든다.
3. 불려 놓은 해초에 소스를 뿌려 낸다.

Tip

* 먹기 직전에 무쳐야 물이 생기지 않는다.
* 생 해초를 사용해야 할 경우 끓는 물에 데쳐서 사용한다.
* 말린 해초를 불릴 때 식초를 넣고 불리면 비린 맛이 없어지고 쫄깃하다.

찻잎버섯나물

藥

몸에 약이 되는 약선음식

차는 성품이 지극히 차서 행실이 바르고 검박한 덕망이 있는 사람이 마시는데 적합하다. 버섯은 독특한 향미가 있어 널리 식용으로 사용하거나 약용으로 쓰이는데, 동의보감에 의하면 버섯은 기운을 돋우며 식용을 증진시키고 위장기능을 튼튼하게 한다. 또한 시력을 좋게 하며 안색을 밝게 해준다.

재료 및 분량

우린 찻잎 40g, 느타리버섯 100g, 표고버섯 5장, 양송이버섯 5장, 목이버섯 10g
양념장 : 간장 1큰술, 소금 ½작은술, 설탕 1작은술, 통깨 1큰술, 참기름 1큰술, 식용유 2큰술

만드는 방법

1. 우린 찻잎은 깨끗이 손질하여 물기를 뺀다.
2. 느타리버섯은 깨끗이 씻어 끓는 물에 소금을 넣고 살짝 데쳐 가늘게 찢는다.
3. 표고버섯은 물에 불려 기둥을 떼고 2~4등분 한다. 양송이버섯은 껍질을 벗겨서 0.5cm 정도의 두께로 썬다. 목이버섯도 물에 1시간 정도 불려 깨끗이 씻어 큰 것은 찢어 놓는다.
4. 버섯과 찻잎에 양념장을 넣고 무쳐서 달구어진 팬에 식용유를 두르고 각각 볶아서 참기름과 통깨를 넣고 한데 잘 섞는다.

Tip

* 향을 살리게 위해 잠깐 볶는다.
* 우린 찻잎과 각종 버섯에 양념장을 넣어 무쳐서 각각 볶아 만든 나물이다.

약쑥삼계탕

몸에 약이 되는 약선음식

혈액순환이 잘 되지 않으면 고지혈증, 동맥경화, 고혈압 등의 각종 성인병과 질병의 원인이 될 수 있는데 혈액순환을 도와 고지혈증과 동맥경화에 좋은 음식이다.

예로부터 무더운 여름을 거뜬히 나기 위해 먹던 삼계탕은 이제 사시사철 즐겨 먹는 별미 보양식이 되었다. 땀을 많이 흘려 기운이 없을 때나 면역력이 떨어지기 쉬운 환절기에 애용되며, 음력 3월 초와 5월 초에 잎을 뜯어 햇볕에 말려서 사용한다. 3월 초에 채취하면 맛이 좋아서 나물 등으로 요리해 먹고, 5월 초에 채취하면 맛이 진해서 약용으로 쓴다. 쑥은 다양한 효능이 있지만 그 중에서도 여성 질환 개선에 탁월하다.

재료 및 분량

영계 1마리, 약쑥 5g, 물 8컵,
수수 ¼컵, 찹쌀 ¼컵, 수삼 1뿌리, 마늘 2개, 대추 2개
소금, 후춧가루, 달걀 1개

만드는 방법

1. 냄비에 쑥과 물을 붓고 센불에 올려 끓으면 중불로 낮추어 20분 정도 끓인 다음 체에 밭쳐 쑥물을 준비한다.
2. 찹쌀은 30분 정도, 수수는 2시간 정도 불려 물기를 뺀다.
3. 수삼은 깨끗이 씻어 뇌두를 자르고, 마늘과 대추는 씻어 준비하고, 달걀은 흰자와 노른자를 분리하여 황백지단을 부쳐 고명을 만든다.
4. 영계는 내장과 기름기를 떼고 깨끗이 씻어, 뱃속에 수삼, 찹쌀, 수수, 마늘, 대추를 넣고 내용물이 나오지 않도록 닭다리를 엇갈리게 끼운다.
5. 냄비에 영계와 쑥물을 붓고 센불에 올려 끓으면 중불로 낮추어 1시간 정도 더 끓이고, 소금과 후춧가루로 간을 맞추고 2분 정도 끓인다. 그릇에 담고 황백지단을 얹어 국물을 붓는다.

Tip

* 쑥물은 너무 오래 끓이면 쓴맛이 강하게 난다.
* 수수는 2시간 이상 물에 불린다.
* 강화약쑥은 위궤양과 위염 치료에 큰 효과가 있으며, 산후풍이나 수족냉증으로 고생하는 여자들이 강화약쑥을 많이 찾았다.

백합대추탕

몸에 약이 되는 약선음식

해감한 백합과 대추를 넣고 끓인 맑은탕이다. 백합은 음기를 보충해 주고 혈액을 생성해 여성에게 좋으며 열을 내리는 효능이 탁월하고 해독기능이 있어 숙취해소와 간장 질환, 담석증에 효과가 있다. 또한 철분, 칼슘, 핵산, 타우린 등 40여 가지의 필수아미노산이 세포발육 증진에 필요한 단백질을 형성하며 노화방지에도 효과가 있다.

재료 및 분량

대추 7개, 물 7컵
백합 400g, 물 3컵, 소금 2작은술
청고추 ½개, 홍고추 ½개, 소금 1½작은술

만드는 방법

1. 백합은 껍질을 깨끗이 씻어 소금물에 3시간 정도 담가 해감시키고 깨끗이 씻는다.
2. 대추는 젖은 면포로 닦고 돌려깎아 씨를 뺀 후 냄비에물을 넣어 중불에서 20분 정도 끓여 체에 거른다.
3. 청고추와 홍고추는 깨끗이 씻은 후 길이로 반을 갈라 씨와 속을 떼어내고 폭 0.3cm, 길이 3cm 정도로 채 썬다.
4. 냄비에 대추물을 붓고 센불에서 끓으면, 백합을 넣고 중불로 낮추어 5분 정도 끓인다.
5. 백합이 입을 벌리면 채 썬 청고추와 홍고추, 소금을 넣고 3분 정도 더 끓인다.

Tip

* 백합은 너무 오래 끓이면 질겨지고 맛이 떨어진다.
* 조개는 바닷물의 염도인 3% 정도의 소금물에서 해감이 잘 된다.

갈근대구탕

몸에 약이 되는 약선음식

갈근 끓인 물에 대구를 넣어 끓인 탕으로 맛이 담백하여 허약한 사람의 보신제로 유용하다. 갈근(葛根)은 토사곽란(오한, 발열, 발한, 구토, 설사, 하열), 식욕부진, 알코올 분해, 스트레스, 위장병, 신경통, 복통, 간장질환, 심장기능 강화 및 고혈압 등에 좋다.

재료 및 분량

대구 1마리, 무 1/5개, 미나리 20g, 쑥갓 10g, 애호박 ¼개, 파 20g, 양파 ½개, 홍고추 1개
갈근(칡) 30g, 물 7컵
양념 : 된장 1큰술, 고추장 3큰술, 다진 마늘 1큰술, 소금 ½작은술

만드는 방법

1. 대구는 비늘을 긁고 꼬리와 지느러미를 떼어내고 내장을 뺀 다음 깨끗이 씻어 5cm 길이로 자른다.
2. 무는 깨끗이 씻어 폭 3cm, 세로 4cm, 두께 0.5cm 정도로 썬다.
3. 애호박은 깨끗이 씻어 길이로 2등분하고 두께 0.5cm 정도로 반달썰기 한다.
4. 쑥갓과 미나리는 다듬어 깨끗이 씻어 4cm 길이로 썰고, 파와 홍고추는 깨끗이 다듬어 씻어 어슷 썬다.
5. 양파는 다듬어 깨끗이 씻어 폭 1cm 정도로 채 썬다. 갈근은 깨끗이 씻어 얇게 썬다.
6. 냄비에 갈근을 넣고 물을 부은 다음 30분 정도 끓여서 체에 거른다.
7. 냄비에 갈근물을 붓고 된장과 고추장을 풀어놓고 센불에서 끓으면 무를 넣고 중불로 낮추어 10분 정도 끓이다가 대구를 넣고 3분 정도 끓인 다음, 양파와 애호박을 넣고 10분 정도 더 끓인다.
8. 맛이 우러나면 파, 마늘, 홍고추를 넣고 소금으로 간을 하고 2분 정도 더 끓인 후 쑥갓과 미나리를 넣고 불을 끈다.

Tip

* 고추장의 양을 많이 넣으면 시원한 국물 맛이 사라진다.
* 칡은 약불에서 충분히 끓여야 잘 우러난다.

사물탕(四物湯)

몸에 약이 되는 약선음식

혈병(血病)의 통치약으로 쓰인다. 당귀는 보혈하고 월경을 조절하며 혈허로 인해 몸이 허약한 것과 타박상, 종기, 부스럼 등의 통증 치료에도 효과가 있다. 숙지황은 보혈하고 음(陰)을 자양(滋養)하는 효능이 있어 피(血)부족으로 안색이 누렇고 현기증이 나며 가슴이 두근거리는 증상에 효과적이며 불면증이나 월경불순 증상도 개선시킨다.

재료 및 분량

닭고기 150g, 물 12컵, 청주 1큰술
당귀 3g, 천궁 3g, 작약 3g, 숙지황 2g
배추 6~7잎, 표고버섯 4개
대파 1뿌리, 마늘 3쪽, 소금 2작은술

만드는 방법

1. 닭고기는 내장과 기름을 떼어내고 깨끗이 씻는다.
2. 냄비에 닭고기를 넣고 물과 청주를 넣은 다음, 중불에서 30분 정도 끓이다가 닭고기는 건져서 폭 · 두께 1cm, 길이 3cm 정도로 찢어놓고 닭육수는 식혀서 면포에 거른다.
3. 닭육수에 당귀, 천궁, 작약을 넣고 중불에서 1시간 정도 끓인 후 체에 거른다.
4. 배추는 다듬어 깨끗이 씻고 폭 · 두께 2cm, 길이 3cm 정도로 썰고, 표고버섯은 미지근한 물에 1시간 정도 불린 후 기둥을 떼어내고 2~4등분한다.
5. 마늘은 편으로 썰고 파는 다듬어 깨끗이 씻은 후 어슷 썬다.
6. 냄비에 사물탕 육수와 닭고기, 숙지황, 배추, 표고버섯을 넣어 센불에서 10분 정도 끓이다가 파와 마늘을 넣고 소금으로 간을 하여 2분 정도 더 끓인다.

Tip

* 닭 육수 대신에 쇠고기 육수를 사용하기도 한다.
* 사물탕 국물의 색이 검으므로 간장은 사용하지 않는다.

인삼잉어탕

몸에 약이 되는 약선음식

잉어와 인삼을 넣고 끓인 보양식이다. 잉어는 성질이 평(平)하며 맛은 달다. 체내 수분대사를 원활히 하여 부종을 감소시키고 기를 내려주며 허약체질에 좋다. 특히 임산부가 영양부족으로 허약하거나 보양식이 필요할 때 간경화, 간질 등 간 기능에 이상이 생길 때 효과가 있다.

재료 및 분량

잉어(중) 1마리(1kg), 인삼(수삼) 2뿌리, 마늘 35g, 생강 5g, 파 1뿌리, 대추 5개, 물 10컵
청장 ½큰술, 소금 1½작은술, 청주 1큰술, 후춧가루 ⅛작은술

만드는 방법

1. 잉어는 비늘을 긁고 꼬리와 지느러미를 가르고 떼어 낸 후 배를 갈라서 내장을 꺼내고 깨끗이 씻어 5cm 정도의 폭으로 썬다.
2. 인삼은 다듬어 깨끗이 씻고 뇌두를 자른다.
3. 생강 · 파 · 마늘은 다듬어 깨끗이 씻고, 생강과 마늘은 저며 썰고 파는 어슷 썬다.
4. 냄비에 물을 부어 센불에서 끓으면 인삼과 대추를 넣고 10분 정도 끓이다가 잉어, 생강, 파, 마늘을 넣고 약불에서 30분 정도 끓인다.
5. 잉어가 익고 국물이 ⅔ 정도로 줄면 청주를 넣고 청장과 소금으로 간을 하고 2분 정도 더 끓인다.

Tip

* 잉어의 비린내를 없애기 위해 감초를 넣기도 좋다.
* 잉어는 비린내를 없애기 위하여 등쪽의 핏줄기를 떼어 내고 아가미 부분의 누런 줄도 깨끗이 긁어낸 다음 깨끗이 씻어 물기를 뺀다.
* 대추는 씨를 빼고 끓인다.

미역속단국

藥

몸에 약이 되는 약선음식

불린 미역과 속단을 넣고 청장으로 간을 하여 끓인 음식이다. 속단은 약간 따뜻하고 맛있으며 맵고 독이 없으며 기를 돕고 부인의 산후에 도움을 준다. 통증을 멎게 하고 살을 돋아나게 하며 근골(筋骨)을 이어주기 때문에 속단이라고 하는데 부인과 질환 예방에 효과적이다.

재료 및 분량

미역 20g
속단 12g, 감초 1조각, 물 9컵
청장 1작은술, 소금 2작은술, 참기름 1큰술

만드는 방법

1. 속단과 감초를 깨끗하게 씻어서 냄비에 넣고 물을 부은 다음, 센불에서 끓으면 중불로 낮추어 20분 정도 끓여 걸러서 감초물을 만든다.
2. 마른 미역을 30분 정도 불려 깨끗이 씻어 물기를 빼고 길이 4cm 정도로 썬다.
3. 냄비에 참기름을 두르고 미역을 넣어 중불에서 3분 정도 볶다가 감초 우려낸 물을 붓고 센불에서 끓으면 중불로 낮추어 20분 정도 끓인다.
4. 맛이 우러나면 청장과 소금을 넣어 간을 하고 2분 정도 더 끓인다.

Tip

* 속단을 너무 오래 끓이면 맛이 쓰다.
* 참기름을 두르고 미역을 충분히 볶아야 기름이 겉돌지 않는다.
* 마른 미역을 물에 30분 정도 불리면 15배 정도 불어난다.

녹두삼계탕

몸에 약이 되는 약선음식

영계의 뱃속에 녹두와 인삼, 황기, 마늘을 함께 넣고 푹 삶아 만든 음식이다. 황기는 기(氣)가 허하고 쇠약하거나 권태롭고 무기력한 증상에 효과가 있으며 면역기능과 정상적인 심장에 대하여 수축작용을 강화시켜 준다. 또한 보기작용에 있어 인삼을 따르지는 못하나 기(氣)를 보하고 양기(陽氣)를 솟게 하며, 부종을 해소시키는 효능이 인삼을 능가한다고 한다. 녹두 껍질은 열을 내리고 열 때문에 생긴 증상을 없앤다.

재료 및 분량

닭(영계) 4마리, 찹쌀 ½컵, 녹두 ½컵, 인삼 4뿌리
황기 4뿌리, 물 15컵
마늘 4개, 대추 4개
소금 1큰술, 후춧가루 ⅛작은술

만드는 방법

1. 찹쌀과 녹두는 깨끗이 씻어 물에 2시간 정도 담갔다가 체에 밭친다.
2. 황기는 깨끗이 씻어서 물에 3시간 정도 불린 다음 냄비에 황기와 황기 우린 물을 함께 넣고 1시간 정도 끓인 후 체에 거른다.
3. 영계는 내장과 기름기를 떼어내고 깨끗이 씻는다.
4. 영계의 뱃속에 불린 찹쌀과 녹두, 대추와 인삼, 마늘을 넣고 내용물이 나오지 않게 닭다리를 엇갈리게 끼운다.
5. 냄비에 영계를 넣고 황기물을 부은 다음 센불에서 끓으면 중불로 낮추어 국물이 뽀얗게 될 때까지 50분 정도 더 끓인다.
6. 그릇에 담고 소금과 후춧가루를 함께 낸다.

Tip

* 영계를 너무 오래 삶으면 살이 으깨지고 텁텁하다.
* 냄비에 영계를 넣고 황기 물을 부을 때 닭이 푹 잠겨야 잘 익는다.
* 녹두는 껍질을 벗기지 않고 사용해야 약 효능이 크다.

삼백초시금치된장국

몸에 약이 되는 약선음식

삼백초(三白草)물에 시금치를 넣고 끓인 된장국이다. 삼백초는 뿌리, 잎, 꽃이 흰색이기 때문에 삼백초라고 불린다. 한방에서는 식물체 전체를 말려 몸이 붓고 소변이 잘 안 나올 때 쓰고, 각기 · 황달 · 간염 등에도 사용한다. 항균성이 있어 세균성 설사를 치료하고 성인병이나 피부미용 및 비만 등에 탁월한 효과가 있다.

재료 및 분량

삼백초 5g, 물 5컵
시금치 200g, 두부 ¼모
된장 4큰술, 대파 20g, 다진 마늘 ½큰술, 홍고추 ½개, 소금 ½작은술

만드는 방법

1. 냄비에 삼백초를 넣고 물을 부은 다음 20분 정도 끓인 후 체에 거른다.
2. 시금치는 뿌리와 겉잎을 깨끗이 다듬어 씻고 뿌리가 굵은 것은 길이로 반을 가른다. 끓는 물에 소금과 시금치를 넣어 데치고 찬물에 헹구어 물기를 빼고 5cm 길이로 썬다.
3. 두부는 길이 3cm, 두께 2.5cm, 폭 0.7cm 정도로 썬다.
4. 파와 홍고추도 깨끗이 씻은 후 길이 2cm 정도로 어슷 썬다.
5. 삼백초 우려낸 물에 된장을 풀어 넣고 센불에서 5분 정도 끓이다가 시금치와 두부를 넣고 2분 정도 더 끓인다.
6. 맛이 어우러지면 어슷하게 썬 파, 홍고추, 다진 마늘을 넣고 소금을 넣어 간을 한 뒤에 2분 정도 더 끓인다.

Tip

* 포항초 시금치는 단단하므로 1~2분 정도 더 데친다.
* 삼백초 물에 된장과 고추장을 섞어 끓일 수도 있다.

가물치탕

몸에 약이 되는 약선음식

가물치를 넣고 푹 끓인 탕으로 피로 해소나 여성의 산후조리용 보양식으로 이용된다. 가물치는 칼슘과 단백질 함량이 매우 많으며 예로부터 출산 후 젖이 잘 나오지 않는 산모에게 가물치를 푹 고아 즙을 먹이면 젖이 잘 나온다고 하여 산후 몸조리 식품으로 알려져 있다.

재료 및 분량

가물치 1마리(1.5kg), 물 10컵
인삼 2뿌리, 대추 5개, 미나리 40g
양념장 : 청장 1큰술, 다진 마늘 ½작은술, 다진 생강 1작은술
소금 1½작은술, 후춧가루 ⅛작은술

만드는 방법

1. 가물치는 비늘을 긁고 꼬리와 지느러미를 자른 후에 내장을 빼내고 밀가루로 문질러 씻어 물기를 닦은 다음에 4cm 길이로 자른다.
2. 인삼은 다듬어 깨끗이 씻고 뇌두를 자른다.
3. 미나리는 잎을 떼어내고 줄기만 다듬어 깨끗이 씻은 후 길이 4cm 정도로 썬다.
4. 냄비에 물을 붓고 인삼과 대추를 넣고 10분 정도 더 끓이다가 가물치를 넣고 중불로 낮추어 5분 정도 끓인다. 약불로 낮추어 30분 정도 끓인다.
5. 맛이 우러나면 미나리를 넣고 소금으로 간을 하고 2분 정도 더 끓인다.

Tip

* 찹쌀을 넣고 죽을 쑤어 먹기도 한다.
* 생선 요리에 생강이 들어가면 생선 비린내가 나지 않는다.
* 대추는 씨를 빼고 넣는 것이 좋다.

약선오리전골

몸에 약이 되는 약선음식

삶은 오리고기와 버섯, 채소, 양념장을 넣고 끓여낸 전골이다. 오가피는 혈액 속의 콜레스테롤을 낮추고, 신경장애를 치료할 뿐만 아니라 지구력과 집중력을 키워준다. 또한 뇌의 피로를 풀어주며 눈과 귀를 밝게 하고, 모든 신체의 기능에 활력을 주어 질병 예방을 도와준다. 뽕잎을 달여 마시면 고혈압과 동맥경화에 좋고 강장 효과도 있다.

재료 및 분량

오리 1마리
약재국물 : 황기 30g, 뽕 20g, 오가피 20g, 산사 10g, 마늘 10개, 생강 30g, 대파 1뿌리
양파 ½개, 통후추 10g, 물 20컵
느타리버섯 200g, 팽이버섯 100g, 표고버섯 30g, 콩나물 100g, 두부 200g, 쑥갓 30g
청고추 2개, 홍고추 2개, 대파 1뿌리, 양파 1개
양념장 : 고춧가루 2큰술, 된장 1큰술, 청장 1큰술, 소금 ¼작은술

만드는 방법

1. 오리는 내장과 기름기를 떼어내고 깨끗이 씻는다.
2. 약재국물에 들어가는 재료를 깨끗이 씻은 후 냄비에 넣고 물을 부은 다음, 1시간 정도 끓인 후 체에 거른다.
3. 냄비에 오리를 넣고 물을 부은 다음 센불에서 30분 정도 삶다가 약재국물을 넣고 중불에서 30분 정도 더 삶아 오리는 건져 살은 발라내고 국물은 식혀서 면포에 거른다.
4. 느타리버섯은 깨끗이 씻어 끓는 물에 데치고 폭 1.5cm, 길이 5cm 정도로 찢고, 팽이버섯은 밑동을 자른다.
5. 표고버섯은 물에 1시간 정도 불려 기둥을 떼어내고 폭 0.5cm 정도로 채 썰고 두부도 느타리버섯과 같은 크기로 썬다.
6. 청 · 홍고추는 깨끗이 다듬어 씻어 반을 갈라 씨와 속을 떼어내고 두께 0.5cm, 길이 5cm 정도로 채 썬다. 대파와 양파는 깨끗이 다듬어 씻어 청 · 홍고추와 같은 크기로 채 썬다.
7. 콩나물은 꼬리를 떼고, 쑥갓은 다듬어 깨끗이 씻는다.
8. 전골냄비에 채소를 돌려 담고 중앙에 오리고기를 놓은 다음, 국물에 양념장을 풀어서 붓고 끓인 후 소금으로 간을 하고 2분 정도 더 끓인다.

Tip

* 오리고기의 잡냄새를 없애기 위해서 계피를 넣기도 한다.
* 양념장에 들깨가루를 넣으면 고소한 맛이 있다.
* 오리고기의 껍질을 벗기고 끓이기도 한다.

산수유연근조림

몸에 약이 되는 약선음식

연근을 썰어서 산수유(山茱萸) 물과 간장에 조린 음식이다. 산수유는 간장과 신장에 주로 작용하여 보간익신(補肝益腎)하는 효능이 있어 간 · 신 기능 부족으로 인한 어지럼증, 귀울림, 요통, 슬통 등의 치료에 효과적이다. 또한 신맛은 근육의 수축력을 높여주고 방광의 조절능력을 향상시켜 어린아이들의 야뇨증을 다스리며, 노인들에게서 많이 나타나는 요실금 증상에도 효능이 있다.

재료 및 분량

연근 150g
식초물 : 물 2컵, 식초 1작은술
산수유 10g, 물 2컵
양념장 : 간장 1⅔큰술, 설탕 1큰술, 산수유물 2컵
꿀 ½큰술, 참기름 1작은술, 통깨 ½작은술

만드는 방법

1. 연근은 깨끗이 씻어 껍질을 벗기고 0.5cm 두께로 썰어 식초물에 5분 정도 담근 다음, 끓는 물에 5분 정도 데친다.
2. 냄비에 깨끗이 씻은 산수유를 넣고 물을 부어 중불에서 20분 정도 끓인 후 체에 거른다.
3. 냄비에 연근과 산수유물 및 양념장을 넣고 중불에서 국물을 끼얹어 가며 20분 정도 조리다가 산수유를 넣고 5분 정도 조린다.
4. 꿀과 참기름 및 통깨를 넣고 2분 정도 더 조린다.

Tip

* 꿀 대신 올리고당을 넣기도 한다.
* 연근이 너무 굵은 것은 모양이 적합하지 않다.

가자미인삼조림

몸에 약이 되는 약선음식

가자미에 인삼(人蔘)과 약재물을 넣고 조린 음식이다. 〈동의보감(東醫寶鑑)〉에 가자미를 많이 먹으면 양기를 돋우어 준다고 하며 그 효능을 강조하고 있다. 가자미는 단백질이 풍부하며 근육과 지느러미에는 콜라겐이 많아 피부미용에 좋고 스트레스를 많이 받는 사람에게 효과가 있다.

재료 및 분량

가자미(中) 2마리, 소금 1작은술

약재물 : 황기 20g, 오가피 20g, 물 6컵

인삼 2뿌리, 생강 20g, 깻잎 5장, 대추 3개

양념장 : 약재물 1½컵, 간장 2큰술, 설탕 1큰술, 청주 2큰술, 참기름 1큰술, 생강즙 1작은술

만드는 방법

1. 가자미는 비늘을 긁고 꼬리와 지느러미를 떼어내고 아가미로 내장을 꺼낸 다음, 깨끗이 씻어 열십자로 칼집을 내고 소금을 뿌려서 30분 정도 재운다.
2. 황기와 오가피를 깨끗이 씻어 냄비에 물을 붓고 센불에서 6분 정도 끓이다가 중불로 낮추어 20분 정도 끓인다. 약불로 낮추어 30분 정도 더 끓인 다음 체에 걸러서 약재물을 만든다.
3. 약재물에 양념장 재료를 넣고 양념장을 만든다.
4. 인삼은 다듬어 깨끗이 씻어 뇌두를 잘라내고 길이로 2등분 하여 5cm 정도의 길이로 썬다.
5. 생강은 깨끗이 씻어 껍질을 벗겨 채 썰고, 깻잎도 깨끗이 씻어 채 썬다. 대추는 젖은 면포로 닦고돌려깎아 씨를 빼고 곱게 채 썬다.
6. 냄비에 가자미와 인삼을 넣고 양념장을 위에 얹고 센불에서 5분 정도 끓이다가 중불로 낮추어 15분 정도 끓이고 약불로 낮추어 10분 정도 끓인다.
7. 그릇에 가자미와 인삼을 담고 생강, 깻잎, 채썬 대추를 곁들여 낸다.

Tip

* 가자미에 소금을 뿌려 한나절 정도 꾸덕꾸덕 말렸다가 졸이기도 한다.
* 가자미는 참가자미가 맛이 있다.

우슬족(牛膝足)조림

몸에 약이 되는 약선음식

돼지족에 우슬을 넣고 조린 음식이다. 우슬(牛膝)은 성질이 고르고 맛이 쓰고 시며, 독이 없고 한습(寒濕)의 위비(胃脾)와 '무릎이 아프기 때문에 굽히고 펴지 못하는 것'과 노인의 유뇨를 낫게 하며, 음기를 이롭게 하고 머리털이 희게 되는 것을 막아준다. 그러나 자궁을 수축하는 효과가 있어 임산부는 먹지 않는 것이 좋다.

재료 및 분량

돼지족 2개, 된장 2큰술, 청주 ½컵, 월계수잎 3장, 통후추 1큰술, 물 12컵

우슬육수 : 우슬 50g, 물 3컵, 간장 4큰술, 설탕 2큰술, 청주 4큰술, 양파 ½개, 건고추 4개 대파 1대, 마늘 10개, 생강 20g, 물엿 3큰술, 참기름 1큰술, 후춧가루 ⅛작은술

만드는 방법

1. 우슬은 물에 깨끗이 씻는다.
2. 돼지족은 털을 깎아 내고 불에 그을려서 물에 깨끗이 씻고 찬물에 1시간 정도 담가 핏물을 뺀 다음 끓는물에 넣고 5분 정도 데친다.
3. 냄비에 돼지족을 넣고 물을 부은 다음, 된장 · 청주 · 월계수 · 통후추를 넣고, 끓으면 중불로 낮추어 1시간 30분 정도 끓이다가 족을 건져내어 찬물에 씻은 후 물기를 뺀다.
4. 냄비에 족과 우슬 및 우슬육수를 넣고, 끓으면 중불로 낮추어 30분 정도 끓이며, 뚜껑을 열고 국물을 끼얹어 가며 10분 정도 조린다.
5. 족이 푹 조려졌으면 건져내어 식은 다음 먹기 좋게 썬다.

Tip

* 족의 크기에 따라 조리시간이 달라진다.
* 기호에 따라 양념한 새우젓에 찍어 먹기도 한다.
* 족은 조려서 식은 다음에 먹어야 쫀득하다.

매운소스도미조림

몸에 약이 되는 약선음식

도미를 튀긴 후 매운 구기자소스를 만들어 넣고 조린 음식이다. 도미는 '돔'이라고도 부르며 성질이 차고 맛이 달아 몸에 열이 많으면서 소화 장애가 있고 갈증이 나며 속이 쓰린 사람에게 좋다. 또한 단백질과 비타민, 칼슘 등이 다량 함유되어 있어 아이들의 뼈와 근육을 튼튼하게 해주므로 허약한 어린이나 노인에게 좋다.

재료 및 분량

도미 1마리, 소금 ¼작은술, 후춧가루 0.1g, 녹말가루 ½컵
마 150g, 밤 5개, 은행 10개, 대추 5개, 표고버섯 5개
구기자물 : 구기자 30g, 물 5컵, 통후추 ½큰술, 대파 10g, 마늘 25g, 생강 1g
구기자소스 : 구기자 물 1½컵, 간장 2큰술, 고추기름 3큰술, 청주 3큰술
설탕 2큰술, 후춧가루 ¼작은술
고추기름 : 식용유 5큰술, 고춧가루 1½큰술, 다진 마늘 ½큰술

만드는 방법

1. 도미는 비늘을 긁고 깨끗이 씻어 머리와 뼈를 살려서 석장뜨기를 한다. 머리와 뼈는 소금과 후춧가루를 뿌리고 녹말가루를 묻혀 150℃ 기름에 튀긴다.
2. 도미살은 가로 4cm, 세로 5cm 정도의 크기로 어슷 썰어 소금과 후춧가루로 밑간을 하고 녹말가루를 씌워 170℃ 기름에 튀겨낸다.
3. 마는 껍질을 벗겨 1cm 두께의 반달 모양으로 썬다. 밤은 속껍질을 벗겨 4등분하고 대추는 젖은 면포로 닦고 돌려깎아 3등분한다. 표고버섯은 미지근한 물에 1시간 정도 불려서 기둥을 떼어내고 크기에 따라 2~4등분한다. 달구어진 팬에 식용유를 두르고 은행을 볶아 껍질을 벗긴다.
4. 구기자를 깨끗이 씻은 후 냄비에 넣고 물을 부은 다음, 파 · 마늘 · 생강 · 통후추를 넣고 센불에서 6분 정도 끓이다가 중불로 낮추어 20분 정도 끓인 후 체에 거른다.
5. 달구어진 팬에 식용유를 두르고 마늘을 넣고 불을 끈 다음, 고춧가루를 넣고 2분 정도 두었다가 걸러 고추기름을 만든다.
6. 준비한 구기자물에 소스재료를 넣고 밤을 곁들여 센불에서 3분 정도 끓이다가 도미살과 마 · 대추 · 은행을 넣고 중불로 낮추어 7분 정도 더 조린다.
7. 그릇에 튀겨 놓은 도미뼈를 놓고 그 위에 조린 재료들을 얹는다.

Tip

* 고추기름을 낼 때 건고추를 이용하기도 한다.
* 고춧가루의 양이 식용유보다 적어야만 고추기름이 나온다.

삼백초더덕조림

몸에 약이 되는 약선음식

더덕에 삼백초(三白草)물과 양념장을 넣고 조린 음식이다. 더덕은 성질이 차고 맛이 아리며 그 찬 성질이 폐 기운을 돋워주기 때문에 예부터 기관지염, 해소병의 약재로 이용해 왔다. 위장기능을 강하게 하며 부인들의 유선염(乳腺炎)이나 젖분비가 적을 때 산후 몸조리에 효과가 있는 것으로 알려져 있다. 그러나 몸이 지나치게 찬 사람이 먹으면 소화 장애가 일어날 수 있으므로 주의해야 한다.

재료 및 분량

더덕 300g, 물 2컵, 소금 ¼작은술
삼백초물 : 삼백초 5g, 물 1컵
양념장 : 간장 4큰술, 청주 2큰술, 설탕 1큰술, 삼백초물 ½컵, 소금 ⅛작은술
후춧가루 ⅛작은술, 통깨 ½작은술, 물엿 1큰술
참기름 ½작은술

만드는 방법

1. 더덕은 다듬은 후에 깨끗이 씻어 껍질을 벗기고 소금물에 10분 정도 담가 쓴맛을 뺀다.
2. 더덕을 건져서 길이 4cm 정도로 어슷 썬다.
3. 삼백초는 깨끗이 씻어 냄비에 넣고 물을 부어 중불에서 10분 정도 끓인 후 체에 거른다.
4. 냄비에 삼백초물과 양념장 및 물을 부은 다음, 끓으면 더덕을 넣고 중불로 낮추어 20분 정도 조리다가 국물이 자작해지면 참기름을 넣는다.

Tip

* 더덕이 굵은 것은 가운데 심이 있어 좋지 않다.
* 더덕은 껍질이 거친 것보다 매끈한 것이 좋다.

약선홍합조림

몸에 약이 되는 약선음식

살짝 데친 홍합에 약재물을 넣은 양념장에 윤기 나게 조린 음식으로 여성질환 및 허약한 어린들에게 적합한 보양식이다. 홍합은 간 기능을 도와주고 뼈와 근육을 튼튼하게 하며, 몸이 허약하고 밤에 식은땀을 흘리는 사람이나 어지럽고 허리가 아프며 양기가 허한 사람에게도 좋다. 또한 홍합 속에 함유된 칼륨이 체내에 축적된 소금 성분의 나트륨을 제거하는 역할도 하므로 중풍환자의 영양식으로도 좋다.

재료 및 분량

홍합 150g, 청고추 ½개, 홍고추 ½개, 참기름 1작은술

약재물 : 당귀 5g, 황기 5g, 물 1컵

양념장 : 간장 2큰술, 설탕 1½큰술, 약재물 ¼컵, 물엿 ½큰술, 소금 ¼작은술 후춧가루 ⅛작은술

만드는 방법

1. 홍합은 수염을 떼어내고 소금물에 씻은 후 끓는 물에 살짝 데친다.

2. 당귀와 황기는 깨끗이 씻는다. 냄비에 당귀와 황기를 넣고 물을 부은 다음 중불에서 15분 정도 끓인 후 체에 거른다.

3. 청고추와 홍고추는 깨끗이 씻은 후 폭 0.5㎝로 어슷 썰어 씨를 뺀다.

4. 냄비에 홍합과 양념장을 넣고 조리다가 국물이 자작해지면 청 · 홍고추와 참기름을 넣는다.

Tip

* 말린 홍합을 사용할 경우, 물에 충분히 불려야 부드럽다.
* 전복이나 소라 등의 해물을 사용하기도 한다.
* 황기는 미리 3시간 정도 불렸다가 끓이기도 한다.

진피장조림

몸에 약이 되는 약선음식

홍두깨살이나 우둔 부위를 큼직하게 썰어 진피와 함께 간장에 조린 음식으로 결대로 찢거나 얇게 썰어서 먹는 음식이다. 귤의 껍질을 진피(橘皮)라고 부르며 맛이 쓰고 매우며 성질은 따뜻하다. 감기 예방과 치료에 좋으며 콜레스테롤의 축적을 억제하는 비타민 E가 들어있어 동맥경화 예방에 좋고 소화를 도우며 정신을 맑게 해주고 딸꾹질에도 잘 듣는다.

재료 및 분량

쇠고기(우둔) 200g, 물 4컵, 대파 10g, 마늘 20g
양념장 : 간장 2큰술, 설탕 1½큰술
진피 15g

만드는 방법

1. 쇠고기는 핏물을 닦고 가로 5cm, 세로 6cm로 썬다.
2. 냄비에 쇠고기를 넣고 물을 부어 센불에 5분 정도 끓이다가 중불로 낮추어 15분 정도 끓인다. 향채를 넣어 15분 정도 더 끓인 다음, 쇠고기는 건져 내고 육수는 식혀서 면포에 거른다.
3. 쇠고기에 육수와 간장 및 설탕을 넣고 15분 정도 끓이다가 진피를 깨끗이 씻어 넣고 5분 정도 더 끓인다.
4. 한 김 나가면 고기는 두께 1cm 정도로 찢고 진피와 함께 그릇에 담아서 국물을 끼얹어 낸다.

Tip

* 쇠고기의 안심을 이용해도 좋다.
* 쇠고기가 익은 후 간장을 넣어야 고기가 질기지 않다.

오가피제육볶음

몸에 약이 되는 약선음식

삼겹살을 오가피물과 양념장에 재워 볶은 음식이다. 오가피는 간과 신장의 기운을 보하여 힘줄과 뼈를 튼튼하게 하므로 사지마비, 허리와 무릎의 연약증상, 골절상, 타박상, 부종 등에 좋다. 또한 항산화, 항피로, 항방사능, 해독작용 등이 있는 것으로 알려져 있다.

재료 및 분량

삼겹살 600g, 청주 2큰술
오가피물 : 오가피 3g, 물 2컵
양념장 : 오가피물 ½컵, 고추장 2큰술, 고춧가루 1작은술, 간장 1작은술
오가피 발효액 3작은술, 설탕 1큰술, 청주 1큰술, 다진 파 2큰술
다진 마늘 1큰술, 후춧가루 ⅛작은술, 참기름 2큰술

만드는 방법

1. 냄비에 오가피를 넣고 물을 부어 20분 정도 끓여 1컵이 되도록 한다.
2. 삼겹살은 핏물을 닦고 살짝 얼려 0.3㎝ 두께로 썰어 5㎝ 길이로 자른다.
3. 삼겹살에 청주와 오가피물 ½컵을 넣고 30분 정도 재워둔다.
4. 나머지 오가피물 ½컵에 분량의 양념 재료를 넣고 양념장을 만든다.
5. 오가피에 재운 삼겹살을 양념장에 넣고 버무려 30분 정도 재웠다가 팬에 볶아 낸다.

Tip

* 돼지고기의 누린내를 없애기 위해서 생강을 넣기도 한다.
* 돼지고기 목살이나 사태를 이용하기도 한다.

뿌리채소조림

藥

몸에 약이 되는 약선음식

연근, 마, 우엉 등 뿌리채소들을 양념장에 조려낸 음식이다. 거친 음식을 먹어야 장수한다는 말이 있는데 거친 음식이라면 당근, 무, 우엉, 연근과 같은 뿌리채소들이다. 이들 식재료는 흙에서 바로 영양분을 섭취하기 때문에 미네랄과 효소가 풍부하고, 세포를 활기 있게 해주며 피를 맑게 해준다.

재료 및 분량

연근 200g, 마 200g, 우엉 100g, 다시마 30g, 물 2컵
마늘 5개, 청고추 1개, 홍고추 1개, 참기름 1큰술, 통깨 ⅛작은술
조림장 : 간장 4큰술, 설탕 2큰술, 청주 1큰술, 꿀 1큰술

만드는 방법

1. 연근과 마는 깨끗이 씻어 껍질을 벗기고 0.7㎝ 두께로 반달썰기 한다.
2. 우엉은 깨끗이 씻어 껍질을 벗기고 0.5㎝ 두께로 어슷 썬다.
3. 다시마는 젖은 면포로 닦고 우엉과 같은 크기로 어슷하게 썬다.
4. 청 · 홍고추는 깨끗하게 씻어 0.5㎝ 두께로 썬다.
5. 냄비에 물을 붓고 연근, 마, 우엉, 다시마를 넣고 끓이다가 조림장을 넣고 조린다. 거의 조려지면 마늘을 넣고 청 · 홍고추를 넣은 다음 꿀을 넣고 센불에서 윤기 나게 조린다.
6. 불을 끄고 참기름과 통깨를 뿌려 낸다.

Tip

* 우엉이 굵은 것은 가운데 심이 있어서 질기다.
* 윤기 나게 조리려면 익은 후 뚜껑을 열고 조린다.

황기찜닭

몸에 약이 되는 약선음식

닭을 먹기 좋은 크기로 잘라 채소와 황기(黃芪)양념장을 넣고 찐 음식이다. 닭고기는 소화기관이 약해서 밥맛이 없는 어린이들에게 뛰어난 영양식인데 황기가 같이 어우러져 소화기능을 도와준다. 황기(黃芪)는 한방에서 단너삼이라고 하는데, 양기를 보해주고 땀도 줄여주며 소화도 잘 되게 하여 몸이 차고 소화 기능이 약한 사람에게 좋은 약재이다.

재료 및 분량

닭 1마리, 황기 30g, 생강 10g
감자 1개, 당근 ½개, 물 2컵, 양파 ½개, 은행 5알, 건고추 2개
황기물 : 황기 15g, 물 4컵
양념장 : 황기물 2컵, 간장 3큰술, 설탕 1큰술, 흑설탕 2큰술, 다진 마늘 ½큰술
다진 파 1큰술, 후춧가루 ⅛작은술, 깨소금 2작은술, 참기름 1작은술

만드는 방법

1. 닭은 내장과 기름기를 떼어내고 깨끗이 씻어 가로 · 세로 5cm 정도로 자른다.
2. 냄비에 닭고기와 황기 및 생강을 넣고 센불에서 10분 정도 찐다.
3. 감자와 당근은 가로, 세로 4cm 정도의 크기로 썰어 모서리를 둥글게 깎는다. 양파도 감자와 같은 크기로 썬다.
4. 냄비에 물을 부어 끓으면 당근과 감자를 넣고 2분 정도 데친다.
5. 팬에 식용유를 두르고 달구어지면 은행을 굴려가며 살짝 볶아 속껍질을 벗긴다.
6. 건고추는 젖은 면포로 닦고 어슷 썬다.
7. 황기는 깨끗이 씻어 1시간 정도 불린다. 냄비에 불린 황기와 우린물을 함께 넣고 센불에 4분 정도 끓이다가, 약불로 낮추어 20분 정도 끓인 후 황기는 건진다.
8. 냄비를 달구어 식용유를 두르고 건고추를 넣고 30초 정도 볶다가 건고추는 건져내고 닭과 양념을 넣고 살짝 볶고 황기물을 넣어 센불에서 5분 정도 조린다. 중간에 당근과 감자를 넣고 약불에서 8분 정도 조리다가 양파와 홍고추를 넣고 4분 정도 더 조린다.
9. 은행을 올리고 국물을 끼얹는다.

Tip

* 채소를 미리 넣으면 물러질 수가 있다.
* 건고추 대신에 홍고추를 사용하기도 한다.
* 당근과 감자를 넣고 오래 조리면 당근과 감자가 으깨진다.
* 삶은 달걀을 넣고 조리기도 한다.

오가피닭날개찜

몸에 약이 되는 약선음식

닭날개를 오가피 물 양념장에 조린 음식이다. 닭고기에는 단백질이 쇠고기보다 많고, 글루탐산(glutamic acid)이 들어 있어 맛이 좋다. 오가피(五加皮)는 풍습(風濕)을 몰아내어 근육과 뼈를 강하게 하고 부종을 해소하며, 하체가 허약하거나 저리는 통증 및 근육의 경련, 간장과 신장의 기능이 부실하여 오는 허리와 무릎 통증에도 효과가 있다.

재료 및 분량

닭날개 10개, 소금 1작은술, 식용유 2큰술, 참기름 1작은술

오가피물 : 오가피 10g, 물 2컵

양념장 : 오가피물 1컵, 간장 2큰술, 다진 마늘 1작은술, 물엿 ½큰술
생강즙 ½작은술, 깨소금 1작은술, 후춧가루 ⅛작은술

고명 : 대파 ½대, 마늘 10g

만드는 방법

1. 오가피를 깨끗이 씻어 냄비에 넣고 물을 부은 다음, 센불에 올려놓고 끓으면 약불로 낮추어 20분 정도 끓여 1컵 분량의 오가피물을 만든다.
2. 닭날개는 끝 부분을 자르고 깨끗이 씻은 후 물기를 닦는다. 소금으로 밑간을 한 다음에 30분 정도 재운다. 팬에 식용유를 두르고 중불에서 3분 정도 지지다가, 약불로 낮추어 7분 정도 노릇하게 지진다.
3. 대파와 마늘을 깨끗이 씻은 후 대파는 길이 2cm 정도로 채 썰고 마늘은 편으로 썬다.
4. 냄비에 양념장을 넣고 끓으면 닭날개를 넣고 중불로 낮추어 10분 정도 끓이다가 약불로 낮추어 3분 정도 윤기 나게 조린다.
5. 국물이 자작해지면 대파와 마늘을 넣고 조리다가 참기름을 넣는다.

Tip

* 닭날개를 물에 삶아야 할 경우, 향채를 넣어 냄새를 없애준다.
* 닭날개 대신에 닭봉(관절에서 날갯죽지에 이르는 부위)을 넣어도 좋다.
* 매콤한 맛을 원할 때 청양고추를 넣어주기도 한다.

산약갈비찜

몸에 약이 되는 약선음식

쇠갈비에 산약(山藥)과 채소를 넣고 갖은 양념을 하여 찐 음식이다. 마는 산약(山藥)이라고도 부르며 기운을 보충해 주기 때문에 다리가 아픈 사람의 기운회복에도 좋고, 고혈압 · 중풍 · 비만 · 당뇨병 등에 효과가 있다. 마의 끈적끈적한 성분은 당단백질로서 장내에 있는 유해균을 해독시켜 준다.

재료 및 분량

쇠갈비 600g, 데치는 물 4컵
산약(마) 300g, 표고버섯 3장, 당근 100g, 은행 8알, 대추 4개
물 4컵
양념장 : 간장 3큰술, 설탕 $1\frac{1}{2}$큰술, 꿀 $1\frac{1}{2}$작은술, 다진 파 $1\frac{1}{2}$큰술, 다진 마늘 1큰술
깨소금 1큰술, 후춧가루 $\frac{1}{8}$작은술, 청주 $1\frac{1}{2}$작은술, 참기름 $1\frac{1}{2}$큰술

만드는 방법

1. 갈비는 길이 5cm 정도로 잘라 기름기를 떼어내고, 3시간 정도 물에 담가 핏물을 뺀다. 냄비에 물을 붓고 센불에 올린 후 끓으면 갈비를 넣고 5분 정도 데쳐 찬물에 헹군다.
2. 냄비에 물과 갈비를 넣고 센불에서 끓으면 중불로 낮추어 20분 정도 끓여 갈비는 건지고 육수는 식혀 면포에 거른다.
3. 마와 당근은 껍질을 벗겨 가로 · 세로 4cm 크기로 썰어 모서리를 둥글게 깎는다.
4. 표고버섯은 미지근한 물에 1시간 정도 불려 기둥을 떼어내고 2~4등분한다.
5. 달구어진 팬에 식용유를 두르고 은행을 굴려가며 볶아 속껍질을 벗긴다.
6. 대추는 젖은 면포로 닦고 돌려깎은 후 씨를 빼고 돌돌 만다.
7. 냄비에 쇠갈비와 양념장 $\frac{1}{2}$을 넣고 10분 정도 두었다가 육수를 붓고 센불에서 끓으면 중불로 낮추어 20분 정도 더 끓인다.
8. 갈비가 익고 국물이 반으로 줄어들면 표고버섯과 나머지 양념장 $\frac{1}{2}$을 넣고 12분 정도 끓인 다음, 마와 당근을 넣고 7분 정도 더 끓이고 은행과 대추를 넣고 국물을 끼얹으며 윤기나게 3분 정도 더 조린 다음 국물이 자작해지면 참기름을 넣고 고루 섞는다.

Tip

* 갈비찜을 윤기 나게 하려면 고기가 익은 후 뚜껑을 열고 양념장을 끼얹으며 조린다.
* 갈비찜에 양념장을 한 번에 다 넣고 끓이면 고기의 육질이 질겨져서 좋지 않다.

쇠고기구기자찜

몸에 약이 되는 약선음식

뚝배기에 볶은 쇠고기와 구기자 · 용안육 · 채소와 물을 넣고 중탕하여 찐 음식이다. 밤은 비장을 튼튼히 하며 위의 기능을 도와준다. 신장을 보하고 허리를 강하게 한다. 특히 비장과 위장이 허약한 사람이나, 노년기에 몸이 허약하고 허리와 무릎이 아프고 기력이 없거나 폐의 조열(潮熱)로 생긴 기침이나 신장 허약으로 생긴 변비에 좋다.

재료 및 분량

쇠고기 300g, 청주 1큰술, 소금 ¼작은술, 후춧가루 ⅛작은술, 식용유 ½큰술
구기자 30g, 용안육 6g, 마 50g, 표고버섯 2장, 대추 6개, 은행 10알
대파 ½대, 소금 1작은술, 물 1½컵

만드는 방법

1. 쇠고기는 핏물을 닦은 후 가로 3cm, 세로 4cm, 두께 0.3cm 정도로 썰고 대파는 어슷 썬다.
2. 구기자와 용안육은 물에 깨끗이 씻는다.
3. 마는 깨끗이 씻어 껍질을 벗긴 후 두께 1cm 정도로 고기와 같은 크기로 썰고, 표고버섯은 물에 1시간 정도 불린 후 기둥을 떼어내고 2~4등분한다.
4. 달구어진 팬에 식용유를 두르고 은행을 굴려가며 살짝 볶아 속껍질을 벗긴다.
5. 대추는 젖은 면포로 닦은 후 돌려깎기 하여 씨를 빼고 4등분한다.
6. 쇠고기에 청주와 소금, 후춧가루를 넣고 양념하여 달구어진 팬에 2분 정도 볶는다.
7. 뚝배기에 볶은 쇠고기와 구기자 · 용안육 · 마 · 표고버섯 · 은행 · 대추 · 대파를 보기 좋게 돌려 담고 물을 부은 다음 소금으로 간을 한다.
8. 솥에 물을 붓고 뚝배기를 넣어 30분 정도 중탕한다.

Tip

* 마는 조금 크게 썰기도 한다.
* 쇠고기구기자찜을 불에 직접 올리고 찜을 할 수도 있다.

백복령소스해삼찜

몸에 약이 되는 약선음식

해삼에 다진 새우를 넣고 찐 다음에 백복령(白茯苓)소스를 끼얹어 내는 음식이다. 해삼은 남자에게는 정력을 강화시켜 주고 여자에게는 임신 중 몸을 보하는 식품으로 약효가 인삼과 비슷해 바다의 인삼이라고도 불린다. 백복령은 이뇨 소염 작용이 있어 신장염 · 방광염 · 요도염으로 인한 부종을 완화시키고, 위장 내 소화장애를 일으키는 증상에 유효하다.

재료 및 분량

불린 해삼 160g, 소금 ¼작은술, 후춧가루 ⅛작은술, 청주 ½작은술, 참기름 ½작은술
칵테일새우 100g, 달걀 1개, 생강즙 ¼작은술, 소금 ¼작은술, 청주 ½작은술
백복령소스 : 백복령가루 15g, 간장 1작은술, 다진 생강 1작은술, 다진 마늘 2작은술
꿀 1큰술, 물 2컵, 소금 ½작은술, 후춧가루 ¼작은술
물녹말 : 녹말가루 1큰술, 물 1큰술
대추 2개, 완두콩 10g, 밤 1개

만드는 방법

1. 불린 해삼을 깨끗이 씻어 물기를 닦고, 소금 · 후춧가루 · 청주 · 참기름으로 간한다.
2. 새우는 등에 내장을 빼낸 후 껍질을 벗기고 곱게 다져 생강즙, 청주, 달걀흰자를 넣고 소금으로 간한다.
3. 해삼 속에 녹말가루를 살짝 바른 후 새우를 넣고 면포에 꼭꼭 말아둔다.
4. 대추는 젖은 면포로 닦은 후 돌려 깎아 씨를 빼고 1cm 정방형으로 썬다.
5. 냄비에 물과 소스 재료를 넣고 끓이다가 백복령가루와 밤 · 대추 · 완두콩을 넣고 끓이다가 물녹말을 넣고 끓여 백복령 소스를 만든다.
6. 김이 오른 찜통에 해삼을 넣고 5~10분 정도 찐다. 찐 해삼을 1cm 두께로 썰어 그릇에 담고 백복령소스를 얹는다.

Tip

* 불린 해삼에 소를 넣고 찜기에 찐 다음, 썰어서 밀가루와 달걀을 묻혀 지지기도 한다.
* 마른 해삼은 '덜 불리면 단단하고, 많이 불리면 물렁거려서' 질감이 좋지 않으므로 잘 불린다.

황기알찜

몸에 약이 되는 약선음식

황기물에 달걀을 풀어 무에 담고 쪄 낸 음식이다. 맛이 부드러워 환자식이나 노인식에도 좋다. 달걀은 성질이 평이하고 맛이 달다. 신장병과 폐병에 효과가 있고, 흰자위는 성질이 차서 열이 많은 사람에게 좋고, 노른자위는 소화흡수가 잘 된다. 황기는 따뜻한 기운(溫)이 밖으로 나가지 못하게 한다.

재료 및 분량

무 ½개, 달걀 1개, 소금 1작은술
황기물 : 황기 25g, 물 4컵
양념 : 황기물 1컵, 유자청 1큰술, 물엿 1큰술, 간장 1큰술

만드는 방법

1. 황기는 깨끗이 씻어 3시간 정도 불린다. 냄비에 불린 황기와 우린 물을 함께 넣고 센불에서 4분 정도 끓이다가 약불로 낮추어 30분 정도 끓인 후 황기는 건진다.
2. 무는 직경이 5cm 되도록 둥글게 깎은 후 길이 2.5cm 정도로 자르고 0.5cm 가량 바닥을 남기고 속을 파낸다. 황기물에 무를 넣고 5분 정도 삶는다.
3. 무는 건지고 삶은 물을 식혀서 달걀을 풀고 삶은 무에 각각 담아 찜기에 10분 정도 쪄낸다.
4. 냄비에 황기물과 유자청 · 물엿 · 간장을 넣고 센불에서 3분 정도 끓인 후 그릇에 담은 알찜 위에 끼얹는다.

Tip

* 황기는 잘게 썬 것을 구입해서 사용하기도 한다.
* 무를 너무 오래 삶으면 물러지므로 알맞게 삶은 후 찜기에 찐다.
* 직경 5cm 정도 되는 둥근 모양틀을 이용하기도 한다.

대하찜

藥

몸에 약이 되는 약선음식

대하를 양념하여 찐 음식이다. 새우는 한방에서 신장의 기능을 강하게 하고 양기를 왕성하게 해주는 강장식품으로 알려져 있으며, 새우에 들어 있는 키틴은 몸 안에서 콜레스테롤의 흡수를 방지하는 효능이 있어 고혈압 예방에 좋다. 불포화지방산과 타우린(taurine)도 들어 있어 동맥경화, 고혈압, 심장병 환자에게도 좋은 식품으로 알려져 있다.

재료 및 분량

새우(대하) 4마리
새우양념 : 다진 마늘 1작은술, 소금 ½작은술, 후춧가루 ⅛작은술
구기자물 : 구기자 2g, 물 1컵
구기자소스양념장 : 구기자물 3큰술, 고추기름 1큰술, 간장 1작은술, 소금 ⅛작은술, 식초 ⅔큰술 설탕 ⅔큰술, 참기름 ½작은술
물녹말 : 녹말가루 1큰술, 물 1큰술
청고추 ¼개, 홍고추 ¼개

만드는 방법

1. 대하는 깨끗이 씻어 꼬치로 등에 있는 내장을 빼내고 등을 길이로 가른 후 살을 펼쳐 칼로 편편하게 두들긴 다음 소금과 후춧가루를 뿌리고 오므라들지 않게 꼬치를 끼운다.
2. 김이 오른 찜기에 대하를 넣고 2분 정도 찐다. 구기자에 물을 넣고 끓여 구기자물을 준비한다.
3. 청 · 홍고추는 깨끗이 씻은 후 길이로 반을 갈라 씨와 속을 떼 내고 가로 · 세로 0.5cm 정도로 썬다.
4. 달구어진 팬에 구기자소스 재료를 넣고 살짝 끓여 물녹말을 넣고 농도를 맞추어 청 · 홍고추를 넣는다.
5. 그릇에 쪄낸 대하를 담고 위에 소스를 뿌린다.

Tip

* 새우에 꼬치를 꽂을 때 꼬리부터 머리까지 꽂아야 뒤틀리지 않는다.
* 새우는 등을 가를 때 껍질 부분은 가위로 길게 자르고 칼집을 넣어야 쉽다.

숙지황닭다리찜

몸에 약이 되는 약선음식

콜라겐이 많은 닭다리에 숙지황(熟地黃) 양념을 넣고 찐 담백한 음식이다. 특히 여성들의 피부미용 및 다이어트식으로 좋다. 닭고기는 허약해 잔병치레가 많은 사람, 소화기관이 약해 밥맛이 없고 아침에 잘 일어나지 못하는 어린이에게 좋다. 숙지황은 남성의 양기부족이나 여성의 혈액부족 개선에 큰 도움을 준다.

재료 및 분량

닭다리 8개, 소금 ½작은술, 후춧가루 ⅛작은술, 청주 1큰술
숙지황물 : 숙지황 50g, 물 1컵
양념장 : 숙지황물 1컵, 간장 1½큰술, 청주 1큰술, 물엿 1큰술, 다진 파 1큰술
다진 마늘 ½큰술, 생강즙 1작은술, 통깨 ½큰술, 참기름 1작은술, 물 2컵

만드는 방법

1. 숙지황은 물에 깨끗이 씻어 물을 붓고 10분 정도 불린 다음 숙지황은 건져 불린 물을 체에 거른다.
2. 닭다리에 칼집을 내서 양념을 넣어 20분 정도 재운다. 냄비에 양념장을 붓고 닭다리를 넣어 센불에서 10분 정도 끓이다가 중불로 낮추어 15분 정도 끓인다. 센불에서 불린 숙지황을 넣어 뚜껑을 열고 3분 정도 더 조린다.
3. 국물이 자작해지면 참기름을 넣는다.

Tip

* 닭다리 대신 날개를 이용하기도 한다.
* 기름기가 많은 닭다리는 껍질을 벗겨 사용하기도 한다.

생강가지찜

몸에 약이 되는 약선음식

가지를 쪄서 지져낸 다음 양념장을 얹어내는 찜이다. 생강은 한방처방의 절반 가까이 약재로 사용되며 방법 또한 다양한데, 삶아서 건조한 것을 건강(乾薑)이라 하고 또 불에 구워 말린 것을 흑강(黑薑)이라 하며 생약명은 생강(生薑)이다. 또한 생강은 한방에서도 비린내 등 좋지 못한 냄새나 맛을 고쳐주는 방향성 물질로 널리 쓰여 왔으며 건강(乾薑)은 신진대사 기능이 떨어졌을 때 이용되거나 기침 · 현기증 · 손발이 찬 경우 · 요통 · 설사 · 구토 등의 치료제로 활용된다.

재료 및 분량

가지(中) 2개

양념장 : 매실발효액 2큰술, 간장 2큰술, 생강 30g, 밤 2개, 대추 3개, 참기름 1큰술, 설탕 ½큰술

만드는 방법

1. 가지는 깨끗이 씻은 후 길이로 두께 1cm 정도 자르고 0.5cm 간격으로 칼집을 넣는다.
2. 찜통에서 김이 오르면 가지를 넣고 3분 정도 찐다.
3. 생강은 깨끗이 씻은 후 껍질을 벗기고 두께 0.1cm 정도로 가늘게 채 썬다.
4. 밤은 껍질을 벗겨 폭 · 두께 0.1cm 정도로 채 썰고, 대추도 젖은 면포로 닦은 후 돌려깎기 하여 씨를 빼내고 밤과 같은 크기로 채 썬다.
5. 양념장 재료에 생강, 밤, 썬 대추를 섞어 양념장을 만든다.
6. 달구어진 팬에 가지를 놓고 중불에서 2분 정도 지져낸 다음 양념장을 얹어 낸다.

Tip

* 오래 찌면 가지가 물러지고 색이 검어지며 맛이 좋지 않다.
* 굵은 가지는 씨가 많아 좋지 않다.

숙지황단호박돼지갈비찜

몸에 약이 되는 약선음식

단호박에 돼지갈비와 약재를 넣고 갖은 양념을 하여 찐 음식이다. 숙지황(熟地黃)은 성질은 따뜻하고, 맛은 달면서도 독이 없는 약재로, 대표적인 보혈약이다. 부족한 혈을 크게 보하고 골수를 보충해 주며 근육과 뼈를 튼튼하게 할 뿐만 아니라 허손증(虛損證)을 보하고 혈맥을 통하게 하며 귀와 눈을 밝게 한다.

재료 및 분량

단호박 1개, 돼지갈비 600g, 밤 4개, 대추 5개, 은행 10알
물 5컵, 숙지황 3g, 천궁 3g, 산사 3g, 백출 3g, 갈근 3g, 생강 5g
양념장 : 간장 2큰술, 설탕 1큰술, 후춧가루 ¼작은술, 구기자 3g, 녹각 1조각

만드는 방법

1. 돼지갈비는 4cm 정도로 잘라 힘줄과 기름기를 떼어내고 3시간 정도 물에 담가 핏물을 뺀 다음, 냄비에 물을 붓고 센불에 올려서 끓으면 돼지갈비를 넣고 2분 정도 데쳐 찬물에 헹군다.
2. 단호박은 지름 10cm 정도로 윗부분을 잘라내고 속을 긁어낸 다음, 윗 부분은 뚜껑으로 사용한다.
3. 밤은 껍질을 벗기고 대추는 젖은 면포로 닦는다.
4. 달구어진 팬에 식용유를 두른 후 은행을 넣고 굴려가며 살짝 볶아 껍질을 벗긴다.
5. 냄비에 돼지갈비와 물 · 숙지황 · 천궁 · 산사 · 백출 · 갈근을 넣고 센불에 올려 끓으면 중불로 낮추어 40분 정도 끓여 갈비가 익으면 갈비는 건져내고 국물은 체에 밭친다.
6. 달구어진 팬에 갈비와 국물 · 양념장 · 녹각 · 구기자를 넣고 중불에서 10분 정도 조린다.
7. 단호박에 조린 갈비와 밤 · 대추 · 남은 국물을 넣고 찜통에 올려 센불에서 15분 정도 찐다.
8. 그릇에 담고 은행을 위에 올린다.

Tip

* 갈비찜을 조릴 때 양념 국물을 끼얹어 가며 조려야 윤기가 난다.
* 호박씨를 같이 넣고 갈비찜을 하기도 한다.

두부부추전

몸에 약이 되는 약선음식

두부를 으깨서 물기를 꼭 짜고 부추를 넣고 반죽하여 지져낸 음식이다. 부추는 중초(中焦)와 오장(五臟)을 따뜻하게 하고 양기를 도와 몸이 찬 것을 막아주며, 기(氣)를 아래로 내리고 혈(血)을 흩어 퍼지게 한다. 두부부추전은 밤에 자면서 땀을 흘리는 아이에게 좋다.

재료 및 분량

두부 1모, 부추 20g
양념장 : 다진 파 1작은술, 소금 ½작은술, 설탕 ¼작은술, 참기름 1작은술, 검은깨 1작은술
밀가루 5큰술, 달걀 1개
초간장 : 간장 1큰술, 식초 1큰술, 물 1큰술

만드는 방법

1. 두부는 곱게 으깬 후 면포로 물기를 꼭 짠다.
2. 부추는 깨끗이 다듬어 씻어 0.5cm 길이로 썰어 두부와 함께 양념 재료를 넣고 두께 1cm, 직경 4cm 정도로 빚는다.
3. 밀가루를 입혀 달걀물을 씌우고 달구어진 팬에 식용유를 두르고 노릇하게 지진 다음, 위에 검은깨를 뿌린다.
4. 그릇에 담고 초간장과 함께 낸다.

Tip

* 전을 부칠 때 홍고추를 잘게 썰어 위에 고명으로 올리기도 한다.
* 두부에 양념을 넣고 잘 치대야 갈라지지 않는다.

고등어된장구이

몸에 약이 되는 약선음식

고등어를 된장양념에 재웠다가 구운 음식이다. 고등어는 <자산어보(玆山魚譜)>에 벽문어(碧紋魚)·고등어(皐登魚), <재물보(才物譜)>에 고도어(古道魚)라고 한 기록이 있다. 비타민과 무기질 및 DHA와 EPA가 풍부하고 편두통과 다이어트 및 청소년 성장 촉진과 뇌기능 향상에 좋다.

재료 및 분량

고등어(中) 1마리, 실파 2뿌리

양념장 : 된장 1½큰술, 설탕 1작은술, 다진 파 1작은술, 다진 마늘 1작은술
생강즙 1작은술, 청주 1작은술, 후춧가루 ⅛작은술

만드는 방법

1. 고등어는 비늘을 긁고 깨끗이 씻어 머리와 꼬리 및 지느러미를 떼어 낸 후 내장을 빼내고 깨끗이 씻어 석장뜨기를 한다.
2. 양념장을 만든다.
3. 실파는 깨끗이 다듬어 씻어 0.5cm 크기로 송송 썬다.
4. 고등어에 양념장 양의 ⅔를 발라 1시간 정도 둔다.
5. 석쇠를 달구어 식용유를 바르고 양념한 고등어를 얹어 앞뒤로 뒤집어 가면서 애벌구이를 한다.
6. 노릇하게 구워지면 남아있는 양념장을 덧바르고 중불로 낮추어 5분 정도 앞·뒤로 타지 않게 굽는다.
7. 그릇에 담고 위에 송송 썬 실파를 올린다.

Tip

*냉동된 생선일 경우, 찬물에 해동시켜 사용한다.
*고등어가 크면 석장뜨기를 하고 길이 5cm 정도로 자른 후 양념에 재워 굽기도 한다.

녹차더덕전

몸에 약이 되는 약선음식

밀가루에 더덕과 녹차가루를 넣고 반죽하여 지진 음식이다. 녹차의 맛은 달고 쓰며 성질이 서늘하여 열기를 풀어주는 효능이 있다. 또한 신진대사를 원활하게 하여 피로를 회복시켜 주므로 공부하는 수험생이나 정신적 스트레스에 시달리는 사람들에게 좋은 음식이다. 더덕은 당질이 함유되어 있고 알칼리성 식품이며, 소화성이 좋은 강장식품이다.

재료 및 분량

더덕(껍질 벗긴) 120g, 소금 1작은술, 물 1컵
청고추 ½개, 홍고추 ½개
밀가루 1컵, 녹차가루 1작은술, 물 ¾컵, 소금 ½작은술
식용유 6큰술
초간장 : 간장 1큰술, 식초 1큰술, 물 1큰술

만드는 방법

1. 더덕은 깨끗이 씻어 껍질을 벗기고 소금물에 10분 정도 담가 쓴맛을 뺀다.
2. 더덕을 건져서 물기를 닦고 길이로 2등분하고 밀대로 밀어서 폭 0.3cm, 길이 1cm 정도로 썬다.
3. 청 · 홍고추는 깨끗이 씻어 길이로 반을 자르고 씨와 속을 떼어내고 가로 · 세로 0.5cm 크기로 썬다.
4. 밀가루에 녹차가루와 더덕 · 소금 · 물을 넣고 반죽한다.
5. 달구어진 팬에 식용유를 두르고 반죽을 한 수저씩 놓고 청고추와 홍고추를 올린 후에 노릇하게 지져 낸다.

Tip

* 녹차의 성질이 차기 때문에 많이 넣지 않는 것이 좋다.
* 반죽할 때 녹차 우린 물을 넣기도 한다.

매실새우구이

몸에 약이 되는 약선음식

대하에 매실양념장을 발라 구운 음식이다. 매실(梅實)은 성질이 따뜻하고 맛이 시다. 폐의 기를 수렴(收斂)시켜 주고, 장에 작용하여 설사를 멎게 하며, 체내 수분 생성에 도움을 준다. 닭고기는 성질이 따뜻하고 맛이 달며 기(氣)를 보하는 음식으로 오장의 기운을 더하게 된다.

재료 및 분량

새우(대하) 4마리, 적양파 1개

매실양념장 : 매실청 2큰술, 간장 1큰술, 다진 마늘 ½작은술, 생강즙 ½작은술
다진 양파 30g, 후춧가루 ⅛작은술

만드는 방법

1. 새우는 깨끗이 씻어 꼬치로 등쪽에 있는 내장을 빼낸다.
2. 적양파는 깨끗이 씻어 둥근 모양으로 채 썬다.
3. 매실양념장을 만들어 새우에 고루 발라서 15분 정도 재워둔다.
4. 달구어진 팬에 식용유를 두르고 재워 둔 새우를 넣고 뚜껑을 10분 정도 덮어 굽는다. 중간에 양념장을 덧발라서 굽는다.
5. 그릇에 적양파를 깔고 위에 구운 새우를 얹는다.

Tip

* 적양파가 없을 경우, 흰양파를 쓰기도 한다.
* 매실은 6월 중순부터 7월 초순 사이에 수확한 것이 구연산이 많아 좋다.

백복령녹두전

몸에 약이 되는 약선음식

불린 녹두를 갈아 복령가루와 다진 고기 및 채소를 넣고 기름에 지진 음식이다. 복령(茯苓)은 비장을 튼튼하게 하고 심신을 안정시킨다. 소변이 잘 안 나오며 부종이 있고 입맛이 없거나 속이 답답한 증상을 개선시켜 준다. 또한 혈당수치를 내리며 면역기능을 강화시키는 효능이 있다.

재료 및 분량

거피녹두 ½컵, 소금 ¼작은술, 식용유 2큰술
백복령가루 10g, 물 130g
숙주 50g, 배춧잎 ½장, 다진 마늘 1작은술, 참기름 1작은술, 깨소금 1작은술, 소금 ¼작은술
다진 돼지고기 30g, 다진 마늘 ½작은술, 청주 ½작은술, 후춧가루 ⅛작은술, 소금 ¼작은술
고명 : 청고추 ¼개, 홍고추 ¼개

만드는 방법

1. 백복령가루에 물을 넣고 풀어 놓는다.
2. 녹두는 물에 8시간 정도 담가 불린 다음, 비벼 씻어서 껍질을 벗겨 체에 밭친다.
3. 믹서기에 녹두와 백복령물을 붓고 갈아서 소금으로 간을 한다.
4. 숙주는 꼬리를 떼고, 배춧잎은 다듬어 깨끗이 씻은 후 끓는 물에 소금을 넣고 각각 2분 정도 데쳐 짠 다음에 송송 썰어 양념한다.
5. 숙주와 돼지고기를 각각 양념하여 무친 다음, 배추잎과 같이 버무린다.
6. 청 · 홍고추는 깨끗이 씻어 폭 0.2cm 정도로 둥글게 썰어 놓는다.
7. 달구어진 팬에 식용유를 두른 후 녹두전 반죽을 한 수저 떠 놓고 나물과 돼지고기를 위에 올린 다음 반죽으로 덮는다. 녹두전 위에 청 · 홍고추를 고명으로 올리고 앞뒤로 노릇하게 지진다.

Tip

* 숙주는 데치지 않고 생으로 넣을 수도 있다.
* 양념장을 곁들여 먹기도 한다.

모둠마늘구이

藥 몸에 약이 되는 약선음식

마늘과 마 및 브로콜리와 새우를 꼬치에 꽂아 구운 음식이다. 마늘은 해독 작용이 있고 소화기를 튼튼하게 하며 암 예방 및 말초혈관 확장, 혈액순환 촉진, 갱년기 장애, 중년기 스태미너 보강, 혈액순환 개선, 고혈압이나 동맥경화 예방에 효과가 있다.

재료 및 분량

마늘 20개, 물 1컵, 소금 ½작은술
새우 10마리, 청주 1큰술
마 150g, 브로콜리 100g, 물 1컵
소금 1작은술, 후춧가루 ⅛작은술, 식용유 2큰술

만드는 방법

1. 마늘은 껍질을 벗기고 깨끗이 씻는다.
2. 냄비에 물을 붓고 끓으면 소금과 마늘을 넣고 5분 정도 끓여 건진다.
3. 새우는 깨끗이 씻어 꼬치로 등쪽에 있는 소금과 내장을 빼내고 껍질을 벗겨 청주를 뿌린다.
4. 마는 깨끗이 씻어 껍질을 벗기고 마늘과 같은 크기로 썬다.
5. 브로콜리도 깨끗이 씻은 후 마늘 크기로 썰어 끓는 물에 소금을 넣고 살짝 데친다.
6. 꼬치에 마늘 · 새우 · 마 · 브로콜리 · 마늘을 꽂은 다음, 소금과 후춧가루로 간을 하고 달구어진 팬에 식용유를 두르고 지져낸다.

Tip

* 석쇠에 굽기도 한다.
* 꼬치가 굵을 경우, 길이로 반을 갈라서 사용하면 꽂기가 쉽다.

구기자호박전

몸에 약이 되는 약선음식

호박 가운데 속을 파내고 쇠고기와 구기자, 두부 등을 양념한 소를 넣어 부친 음식이다. 구기자는 폐를 윤택하게 하고 간을 맑게 하며 신장을 보호한다. 예로부터 정(精)을 늘리고 양(陽)을 돕는다 하여 강장제로 쓰인다. 피부를 윤택하게 하고 자력을 증진시키며 노화를 방지하고 검은머리를 나게 한다.

재료 및 분량

애호박 1개, 소금 1작은술
달걀 2개, 밀가루 2큰술, 식용유 2큰술
다진 쇠고기 100g, 두부 60g, 구기자 20g
양념 : 다진 파 2작은술, 다진 마늘 1작은술, 소금 $\frac{1}{8}$작은술, 후춧가루 $\frac{1}{8}$작은술, 참기름 1작은술
초간장 : 간장 1큰술, 식초 1큰술, 물 1큰술

만드는 방법

1. 애호박은 깨끗이 씻어 두께 0.7cm 정도로 썰고 가운데 씨 부분을 원형으로 도려 낸 후 소금에 살짝 절였다가 물기를 닦는다.
2. 구기자는 깨끗이 씻어 곱게 다지고, 쇠고기는 핏물을 닦는다.
3. 두부는 면포로 물기를 꼭 짜서 으깬 다음, 구기자는 쇠고기와 함께 양념을 넣고 고루 섞는다.
4. 애호박의 가운데에 밀가루를 묻히고 준비한 소를 넣는다.
5. 애호박 겉에 밀가루를 묻히고 달걀물을 입혀서 달구어진 팬에 식용유를 두른 후 노릇하게 지져 낸다.

Tip

* 호박에 소를 넣을 때 많이 넣지 않도록 한다.
* 호박전을 부칠 때 밀가루를 많이 묻히거나 낮은 불에서 지지면 기름을 많이 흡수하고 겉옷이 벗겨지기 쉽다.

사삼(沙蔘)전

몸에 약이 되는 약선음식

더덕에 밀가루와 달걀을 입혀 지진 음식이다. 더덕은 사삼(沙蔘)이라고도 하며 인삼이나 도라지와 마찬가지로 사포닌(saponin)이 많이 들어 있다. 더덕은 건위제 및 강장식으로도 유명하며 흰색으로 폐, 장, 신장을 튼튼하게 해주는 식품이다.

재료 및 분량

더덕 320g, 물 4컵, 소금 1큰술
양념 : 소금 ½작은술, 흰후춧가루 ¼작은술, 참기름 1작은술
밀가루 3큰술, 달걀 1개, 식용유 ½컵
초간장 : 간장 1큰술, 식초 1큰술, 물 1큰술

만드는 방법

1. 더덕은 깨끗이 씻어 껍질을 벗기고 소금물에 10분 정도 담가 쓴맛을 빼고 물기를 닦는다.
2. 더덕은 길이로 반을 갈라 밀대로 편편하게 밀어서 6cm 길이로 자르고 소금과 흰후춧가루를 뿌린 후 참기름을 바른다.
3. 더덕에 밀가루를 묻히고 달걀물을 입혀서 달구어진 팬에 식용유를 두르고 더덕을 앞뒤로 노릇하게 지져 낸다.

Tip

* 전위에 고명으로 대추 꽃모양을 만들어 올리기도 한다.
* 더덕 껍질을 벗길 때 필러(Peeler : 감자껍질을 벗기는 기계)를 사용하면 쉽다.

해물표고버섯전

몸에 약이 되는 약선음식

표고버섯에 해물과 채소 등을 곱게 다져서 소로 넣고 밀가루와 달걀을 입혀 지진 음식이다. 성장기 어린이들 및 환자식으로도 좋다. 표고버섯은 마고(蘑菰)라고 불리며, 면역 기능을 강하게 하기 때문에 콜레스테롤 및 고혈압 예방에 좋은 식품이고 비타민 D의 보급원이며, 다이어트식품으로도 좋다.

재료 및 분량

표고버섯 10장, 당근 20g, 양파 ½개, 청고추 1개, 칵테일새우 30g, 오징어 30g
양념 : 다진 파 1작은술, 소금 ½작은술, 설탕 ¼작은술, 후춧가루 ⅛작은술, 참기름 1작은술
물녹말 : 녹말가루 ½큰술, 밀가루 2큰술, 달걀 2개, 식용유 2큰술
초간장 : 간장 1큰술, 식초 1큰술, 물 1큰술

만드는 방법

1. 표고버섯은 미지근한 물에 1시간 정도 불려 기둥을 떼어내고 물기를 닦는다.
2. 당근과 양파, 청고추는 깨끗이 씻는다. 청고추는 길이로 반을 갈라 씨와 속을 떼어내고 곱게 다진다. 양파와 당근도 곱게 다진다.
3. 새우와 오징어는 깨끗이 씻고, 새우는 꼬치로 등쪽의 내장을 꺼내며 오징어는 껍질을 벗긴 다음에 곱게 다진다.
4. 다져놓은 재료에 양념과 녹말가루를 넣고 양념하여 표고버섯의 소를 만든다.
5. 표고버섯 안쪽에 밀가루를 묻히고 소를 넣어 다시 밀가루와 달걀물을 입혀서 달구어진 팬에 식용유를 두르고 노릇하게 지져낸다.

Tip

* 표고전의 갓 부분은 밀가루와 달걀을 씌우지 않는다.
* 속 재료를 곱게 다져야 전이 매끄럽고 부서지지 않는다.

유자청오리보쌈

몸에 약이 되는 약선음식

약재에 재운 오리고기를 오븐에 굽고 대추 · 수삼 · 오이를 유자청소스에 버무려 같이 곁들여 먹는 음식이다. 오리는 체내에 축적되지 않는 불포화 지방산 함량이 45%로 쇠고기 · 돼지고기 · 닭고기 보다 월등히 높고 필수 아미노산과 각종 비타민이 풍부한 보양식 재료로 이용되며 여성들 피부미용 및 다이어트에 좋다.

재료 및 분량

오리 1마리, 대추 5개, 수삼 2뿌리, 오이 1개, 배추속잎 6장, 소금 1작은술

약재물 : 오향 3개, 감초 5개, 계피 10g, 간장 2컵, 배 ¼개, 마늘 5개, 생강 10g
대파 ½대, 통후추 1작은술, 물 20컵, 물엿 1컵

유자청소스 : 약재물 ½컵, 유자청 ½컵, 녹말가루 3큰술, 물 3큰술

만드는 방법

1. 냄비에 약재물을 넣고 센불에서 20분 정도 끓이다가 약불로 낮추어 10분 정도 끓여 식힌다.
2. 오리는 내장과 기름기를 떼어내고 깨끗이 씻어 약재물에 3시간 정도 재운다.
3. 오븐을 200℃에서 20분 정도 예열한 다음, 약재 물에 재운 오리고기를 넣고 15분 정도 구운 후 편으로 썬다.
4. 팬에 유자청 ½컵과 약재물 ½컵을 넣고 끓으면 물녹말을 넣어 걸쭉하게 소스를 만든다.
5. 대추와 오이 및 수삼을 길이 3cm로 채 썰어 유자청소스와 버무리고 배추 속잎은 깨끗이 씻어 물기를 뺀다.
6. 그릇에 편으로 썬 오리고기를 담고 배추잎과 유자소스에 버무린 재료를 곁들인다.

Tip

* 배추 속잎 대신 깻잎이나 치커리 잎을 곁들이기도 한다.
* 오리의 껍질은 벗기고 살만 발라서 양념에 재운 후 팬에 굽기도 한다.

무안심편채

몸에 약이 되는 약선음식

쇠고기를 얇게 저며 양념하여 구운 후 초절임 무에 양파와 부추를 싸서 먹는 음식이다. 무는 음식을 소화시키고 체한 것을 없애서 속을 편안하게 해주며, 열을 내리고 담을 없애주어 담석증(膽石症)을 예방한다. 특히 헛배가 부르고 조열(潮熱)이 나며 기침 및 가래가 나고 목과 머리가 아프거나 소갈증(消渴症) 및 토혈(吐血) 등에 효과가 있다.

재료 및 분량

무 100g
무 초절임물 : 소금 1작은술, 식초 3큰술, 설탕 4큰술, 물 1컵
쇠고기(안심) 150g
쇠고기양념장 : 간장 2작은술, 설탕 ½큰술, 다진 파 ½작은술, 다진 마늘 ½작은술
후춧가루 ⅛작은술, 참기름 ½작은술
영양부추 30g, 양파 30g

만드는 방법

1. 무는 깨끗이 씻어 껍질을 벗기고 0.2cm 두께로 썬 다음, 무 초절임물에 20분 정도 절인 후 건져 물기를 뺀다.
2. 쇠고기는 폭 · 두께 0.2cm, 길이 5cm 정도로 썰어 쇠고기 양념장을 넣고 버무려 재운다.
3. 영양부추는 깨끗이 다듬어 씻어 4cm 길이로 썬다. 양파도 깨끗이 다듬어 씻어 채 썬 다음, 찬물에 담가 아린 맛이 빠지면 체에 밭쳐 물기를 뺀다.
4. 양념에 재워 둔 쇠고기를 팬에 한 장씩 지진다.
5. 초절임 무에 쇠고기와 영양부추 및 양파를 놓고 돌돌 말아 그릇에 담는다.

Tip

* 초절임 무를 만들 때 색을 내고 싶으면 치자물이나 백련초물 등에 절이기도 한다.
* 무 대신에 순무를 사용할 수도 있다.
* 기호에 따라 깻잎이나 오이 등을 넣을 수도 있다.

메밀전병쌈

몸에 약이 되는 약선음식

메밀 반죽을 부쳐서 호박과 무 및 배추김치를 넣고 말아 자른 후 먹는 음식이다. 메밀은 교맥(蕎麥)이라고도 불리며 위와 장을 튼튼하게 해준다. 서늘한 성질이어서 몸에 열이 많은 사람이나 가슴이 답답한 사람에게 좋다. 루틴이라는 성분이 있어 혈관을 튼튼하게 하며 고혈압 환자에게 좋으나 소화기가 약하고 속이 찬 사람은 먹지 않는 것이 좋다.

재료 및 분량

메밀가루 1컵, 물 1½컵, 소금 ¼작은술
애호박 ½개, 소금 1작은술, 식용유 1작은술
무 150g, 간장 ½작은술, 소금 ½작은술, 다진 마늘 ½작은술, 참기름 ½작은술
배추 김치 120g
식용유 ½컵

만드는 방법

1. 메밀가루에 물과 소금을 넣고 반죽하여 체에 거른 다음 1시간 정도 숙성시킨다.
2. 애호박은 깨끗이 씻어 5cm 길이로 자르고 0.3cm 두께로 돌려깎기 하여 0.3cm 폭으로 채 썰고 소금에 살짝 절인 다음 물기를 닦고 달구어진 팬에 식용유를 두른 후 센불에서 살짝 볶는다.
3. 무는 깨끗이 씻은 후 호박과 같은 길이로 자르고 굵게 채 썰어 소금을 넣고 2분 정도 절인 다음 물기를 짠다. 달구어진 팬에 식용유를 두르고 중불에서 볶는다.
4. 김치는 송송 썰어 꼭 짠다. 달구어진 팬에 식용유를 두르고 중불에서 볶는다.
5. 팬에 식용유를 두르고 숙성한 메밀반죽을 넣고 지름 10cm 정도로 얇게 부쳐 식힌다.
6. 메밀전병에 호박과 무 및 배추김치를 넣고 말아 준 다음에 어슷하게 썬다.

Tip

* 메밀반죽은 얇게 부쳐야 터지지 않는다.
* 메밀반죽이 힘이 없어 잘 부쳐지지 않으면 밀가루를 조금 섞어 부치기도 한다.

생지황백김치

藥 몸에 약이 되는 약선음식

절임 배추에 고춧가루를 쓰지 않고 여러 가지 양념과 고명을 넣고 생지황 국물을 부어 발효시킨 김치이다. 생지황(生地黃)은 모든 열을 풀어주고, 피를 깨뜨려 어혈(瘀血)을 풀어준다. 배추는 가슴에 열을 내리고 답답한 것을 풀어주며, 장이 원활히 소통되게 하고, 괴혈병과 피부병을 예방하는 효능이 있다.

재료 및 분량

배추 1통, 물 10컵, 굵은소금 350g
생지황물 : 생지황 30g, 물 7컵
무 200g, 푸른갓 25g, 미나리 25g, 실파 30g, 배 ½개, 밤 5개, 대추 3개
석이버섯 1g, 잣 1큰술, 마늘 3쪽, 생강 5g, 실고추 0.3g
소기젓 50g, 소금 2½작은술
젓갈 끓인 물 : 조기젓뼈 20g, 물 ½컵

만드는 방법

1. 배추는 뿌리 밑동을 다듬고 칼집을 길이로 반만 넣어 손으로 쪼개서 굵은 소금물에 6~8시간 정도 절인 다음 깨끗이 씻어 물기를 뺀다.
2. 냄비에 황석어젓의 머리와 뼈를 넣고 물을 부어 센불에서 끓으면 약불로 낮추어 15분 정도 끓여 체에 거른다.
3. 냄비에 생지황과 물을 붓고 센불에서 끓으면 약불로 낮추어 1시간 정도 끓인 다음, 생지황은 건져 내고 젓갈물을 넣고 소금으로 간을 하여 김칫국물을 만들어 시원하게 보관한다.
4. 무는 폭 · 두께 0.2cm, 길이 4cm로 채 썰고 미나리 · 갓 · 실파는 깨끗이 다듬어 씻어 무와 같은 길이로 썬다. 석이버섯은 미지근한 물에 1시간 정도 불려 깨끗이 비벼 씻어 배꼽을 떼어 내고 채 썬다. 실고추도 길이 2cm 정도로 자른다.
5. 배와 밤은 껍질를 벗기고 폭 0.2cm, 길이 3cm 정도로 채 썰고, 대추는 젖은 면포로 닦은 후 돌려 깎기 하여 씨를 빼내고 폭 0.2cm 정도로 채 썬다. 마늘과 생강도 폭 · 두께 0.1cm 정도로 채 썬다.
6. 준비한 재료에 황석어젓과 고운소금으로 간을 맞추어 백김치 소를 만든다.
7. 배춧잎 사이사이에 준비한 소를 채워 넣고 배추가 흩어지지 않게 겉잎으로 싼 다음, 항아리에 꼭 꼭 눌러 담고 생지황국물을 붓는다.

Tip

* 배추는 위와 아래를 2~3회 정도 바꿔가며 절이고 배추가 떠오르지 않게 눌러 놓는다.
* 백김치는 고춧가루를 사용하지 않아 물러지기 쉬우므로 익으면 바로 먹는다.

돌나물김치

몸에 약이 되는 약선음식

봄철의 구미를 돋우는 새콤하고 시원한 김치이다. 돌나물은 청열(淸熱), 소종(消腫), 해독(解毒), 간염(肝炎)에 좋다고 하며 어린 줄기와 잎은 김치를 담가 먹는데 향미가 있으며 연한순은 나물로 무쳐 먹는다. 밤에 있는 당질은 소화가 잘 되고 위장의 기능을 활발하게 한다.

재료 및 분량

돌나물 400g, 오이 ¼개, 배 ¼개, 밤 2개, 잣 ½큰술, 인삼 ½뿌리
쪽파 1뿌리, 홍고추 ½개, 소금 1큰술
김치국물 : 물 4컵, 소금 1½큰술, 고춧가루 1큰술, 배즙 ¼컵, 양파즙 ¼컵

만드는 방법

1. 돌나물은 다듬어 깨끗이 씻어 체에 밭친 다음, 그릇에 담고 소금을 넣어 살짝 절인다.
2. 배 · 인삼 · 밤은 깨끗이 씻어 돌나물과 같은 길이로 채 썰고, 오이는 두께 0.2cm 정도로 둥글게 썬다.
3. 쪽파는 깨끗이 씻어 다듬어 3cm 길이로 썬다.
4. 절인 돌나물에 부재료들을 넣고 버무려 항아리에 담고 김치국물을 붓는다.

Tip

* 오래 두고 먹으면 물러지므로 조금씩 담가 익으면 바로 먹는 것이 좋다.
* 돌나물은 소금에 절이지 않고 담글 수도 있다.
* 김치 국물에 배즙 대신으로 사과즙을 넣을 수도 있다.

연잎동치미

몸에 약이 되는 약선음식

무를 얇게 썰어 여러 가지 채소를 무에 놓고 말아서 만든 물김치이다. 연잎은 지혈제로 사용하며 민간에서는 야뇨증에 이용한다. 또한 출산 후에 몸이 붓거나 어혈(瘀血)이 생겼을 때 달여서 마시면 노폐물을 제거해 준다고 한다. 미나리의 성질은 매우 차기 때문에 몸속의 열을 없애 주고 갈증을 멎게 하며, 간 기능을 좋게 해주고 향이 독특하여 입맛을 돋워 준다.

재료 및 분량

무 500g, 굵은소금 2큰술, 미나리 30g, 오이 ½개, 배 ¼개 홍고추 2개, 마늘 1쪽, 대파 40g
동치미국물 : 물 5컵, 연잎가루 ¼작은술, 고운소금 1큰술

만드는 방법

1. 무는 깨끗이 씻은 다음 껍질을 벗긴 후 두께 0.1cm, 직경 6cm 정도로 썰고, 미나리와 함께 굵은소금에 30분 정도 절인다.
2. 마늘은 다듬어 깨끗이 씻어 채 썰고, 파도 다듬어 깨끗이 씻은 후 5cm 정도로 채 썬다. 오이는 소금으로 깨끗이 비벼 씻고 돌려깎아 두께 · 폭 0.2cm, 길이 5cm 정도로 채 썬다. 배도 껍질을 벗기고 두께 0.2cm, 길이 5cm 정도로 곱게 채 썬다.
3. 홍고추는 깨끗이 씻은 후 길이로 반을 갈라서 씨와 속을 떼어내고 두께 0.2cm, 길이 5cm 정도로 채 썬다.
4. 절여놓은 무 위에 배 · 오이 · 썬 고추 등을 가지런히 놓고 돌돌 말아 절인 미나리로 묶는다.
5. 항아리에 차곡차곡 담고 연잎동치미 국물을 붓는다.

Tip

* 연잎가루가 국물에 가라앉으므로 상에 낼 때 잘 저어준다.
* 믹서에 연잎과 물을 넣고 갈아서 즙을 짠 다음, 동치미 국물에 섞어서 이용할 수도 있다.

연근물김치

몸에 약이 되는 약선음식

연근을 얇게 썰어 감초(甘草)물에 담근 김치이다. 연근은 연우(蓮藕), 우절(藕節)이라고도 부르며 비타민 C가 풍부하여 100g 중에 레몬 한 개 정도의 함유량인 55mg 정도를 가지고 있고 칼륨 함량도 높다. 연근을 가르면 가는 실과 같은 끈끈한 것이 보이는데, 뮤신(mucin)이란 물질로 당질과 결합된 복합 단백질이다. 콜레스테롤 저하, 위벽보호, 해독작용을 한다. 감초는 간장 기능을 회복시키고 약물중독, 피부염, 습진 등에 좋다.

재료 및 분량

연근 400g, 굵은소금 2큰술, 식초 2큰술
김치국물 : 물 3컵, 감초 5g
배 ½개, 굵은소금 ½컵, 홍고추 2개, 실파 25g, 생강 10g, 고운소금 0.8g

만드는 방법

1. 연근은 깨끗이 씻어 껍질을 벗기고 0.3cm 두께로 썰어서 식초물에 5분 정도 담그고 아린 맛이 우러나면 건진 후 굵은 소금물에 20분 정도 절인다.
2. 물에 감초를 넣고 10분 정도 끓여 감초는 건져 내고 국물은 식힌다.
3. 배는 강판에 갈아 즙을 꼭 짜서 감초물에 넣고 고운소금으로 간을 하여 김치국물을 만든다.
4. 실파는 깨끗이 다듬어 씻어 3cm 정도의 길이로 썰고 청 · 홍고추는 다듬어 깨끗이 씻어 두께 0.3cm 정도로 썬다.
5. 연근구멍 사이사이에 청 · 홍고추를 넣는다.
6. 준비한 연근에 김치국물을 붓고 2~3일 정도 익힌다.

Tip

* 연근에 식초를 넣거나 쌀뜨물에 삶으면 잡맛이 없어지고 빛깔이 선명해진다.
* 김치국물에 백련초즙을 넣을 수도 있다.

황기오이물김치

몸에 약이 되는 약선음식

채 썬 무나 배 등 녹색 채소에 갖은 양념을 오이 칼집 사이사이에 넣고 황기국물을 넣어 만든 물김치이다. 오이는 체내 노폐물을 배출시켜 주므로 고혈압 또는 신장병 환자에게 좋은 식품이다. 성질이 차서 목이 마르고 가슴이 답답할 때, 여름에 더위를 먹었을 때 좋다.

재료 및 분량

오이 500g, 물 3컵, 고운소금 2큰술
무 50g, 배 ¼개, 미나리 10g, 마늘 10g, 생강 5g, 홍고추 ½개, 실파 10g
황기물 : 물10컵, 황기 10g, 고운소금 1작은술
밀가루풀 : 물 1컵, 밀가루 1큰술

만드는 방법

1. 오이는 소금으로 깨끗이 문질러 씻은 후 4cm 정도의 길이로 잘라 가운데에 열십자로 칼집을 넣고 소금물에 1시간 정도 절인 다음에 물기를 뺀다.
2. 무와 배는 깨끗이 씻어 껍질을 벗겨서 2cm 정도의 길이로 곱게 채 썰고, 실파와 미나리는 다듬은 후 깨끗이 씻어 같은 길이로 채 썬다.
3. 홍고추는 깨끗이 씻어 반으로 갈라 씨와 속을 떼어내고 폭 0.3cm에 길이 2cm 정도로 채 썬다.
4. 무와 배 · 실파 · 미나리 · 홍고추 · 마늘 · 생강에 고운소금과 설탕을 넣고 간을 맞추어 소를 만든다.
5. 오이칼집 속에 소를 넣고 항아리에 담는다.
6. 냄비에 황기를 넣고 물을 부은 다음, 2시간 정도 끓인 후 체에 걸러 7컵의 황기물을 만든다.
7. 냄비에 밀가루를 넣고 물을 붓고 끓여 식힌다.
8. 황기국물에 밀가루 풀국을 넣고 소금을 넣어 간을 한 후 항아리에 붓는다.

Tip

* 조선오이보다 청오이나 가시오이는 쉬 물러진다.
* 오이는 충분히 절여야 무르지 않고 아삭아삭하다.

양배추깻잎김치

몸에 약이 되는 약선음식

양배추와 깻잎을 켜켜이 담고 감초국물을 부어 만든 김치로 비타민과 무기질을 고루 함유하고 있어 영양적으로도 우수하다. 양배추는 오장과 관절을 이롭게 하고 육부(六腑)를 조절하며 골수(骨髓)를 보하고 경락(經絡) 소통을 원활하게 한다. 또한 귀와 눈을 밝게 해주며, 성질이 평하여 모든 사람이 다 먹을 수 있다.

재료 및 분량

양배추 530g, 굵은소금 2큰술, 물 6컵
깻잎 22장, 굵은소금 1큰술, 물 2컵
감초물 : 감초 1조각, 물 3컵
촛물 : 감초물 2컵, 설탕 ½컵, 소금 1큰술, 식초 2큰술

만드는 방법

1. 양배추는 가운데 두꺼운 줄기를 떼어내고 한 잎씩 떼어서 소금물에 4시간 정도 절였다가 체에 밭쳐 물기를 뺀다.
2. 깻잎은 깨끗이 씻어 소금물에 1시간 정도 절여 물기를 뺀다.
3. 냄비에 감초를 넣고 물을 부어 센불에서 끓으면 약불로 낮추어 15분 정도 끓인 다음, 감초물에 설탕과 소금 및 식초를 넣어 촛물을 만든다.
4. 양배추 잎과 깻잎을 2장씩 켜켜로 항아리에 담고 무거운 것으로 눌러 촛물을 붓는다.
5. 3일 정도 지난 후 가로 · 세로 4cm 정도로 썰어 그릇에 담는다.

Tip

* 양배추를 절일 때 무거운 것으로 눌러서 절여 준다.
* 양배추나 깻잎은 생것으로 같이 절이면 양배추의 향이 너무 진하므로 따로 절여 사용한다.

구기자물김치

몸에 약이 되는 약선음식

무와 여러 가지 채소를 썰어 양념을 넣고 구기자물을 부어 만든 물김치이다. 배추는 비타민 C와 칼슘이 풍부한데, 특히 비타민 C는 내화상즙(갑자기 내장에 열이 오르는 현상)에 효과적이고 소화촉진 기능을 도우며 부드러운 섬유질은 변비에도 효과적이다. 구기자는 피부를 촉촉하게 하고 혈을 잘 통하게 하며 마음을 편안하게 해준다.

재료 및 분량

배추 100g, 무 100g
미나리 20g, 쪽파 10g, 홍고추 ½개, 마늘 10g, 생강 8g
김치국물 : 물 3컵, 감초 2g, 구기자 10g, 소금 2작은술

만드는 방법

1. 배추와 무는 깨끗이 다듬어 씻어 가로 2.5㎝ · 세로 3㎝ · 두께 0.3㎝ 정도로 나박 썰고, 배추를 먼저 소금에 5분 정도 절이다가 무를 넣고 5분 정도 더 절여 물기를 뺀다. (절인 소금물은 버리지 않는다.)
2. 쪽파와 미나리는 다듬어 씻어 길이 3㎝ 정도로 썰고, 홍고추는 길이로 잘라 씨를 떼어내고 길이 3㎝에 두께 0.3㎝ 정도로 채 썬다.
3. 냄비에 감초와 구기자를 넣고 물을 부은 다음에 2½컵이 되도록 끓인다.
4. 무와 배추를 절인 소금물에 감초와 구기자 달인 물을 섞고 소금으로 간을 맞춘다. 생강과 마늘을 다져서 면주머니에 넣는다.
5. 절인 배추와 무에 실파 · 홍고추 · 미나리를 넣고 버무려 항아리에 담고, 마늘과 생강을 넣은 면주머니를 항아리 속에 넣고 김치국물을 붓는다.

Tip

* 죽이나 떡을 먹을 때 함께 먹으면 좋다.
* 배추나 무를 절이지 않고 물김치를 담그면 김치가 물러진다.
* 미나리나 오이는 김치가 익은 다음에 넣으면 향이 더 좋다.

용안육설기떡

몸에 약이 되는 약선음식

멥쌀가루에 용안육을 넣고 쪄낸 설기떡이다. 용안육(龍眼肉)은 맛이 달고(甘) 독이 없으며 오장육부의 나쁜 기운을 없애고 마음을 안정시키는 효과가 있다. 심장과 비장의 기혈(氣血) 부족을 보하며 안심 · 진정시키는 효과가 있어 중풍 · 동맥경화 · 불면증 · 빈혈예방 등에 도움이 된다.

재료 및 분량

용안육 30g, 멥쌀가루 2½컵
소금 ¾작은술, 설탕 3큰술, 물 3큰술

만드는 방법

1. 용안육은 깨끗이 씻은 후 물기를 빼고 잘게 썬다.
2. 멥쌀가루에 소금을 넣고 체에 내린다.
3. 멥쌀가루에 물을 넣고 고루 비빈 후 체에 내린 다음, 용안육과 설탕을 넣는다.
4. 찜기에 젖은 면포를 깐 다음에 떡틀을 놓고 멥쌀가루를 넣어 위를 수평으로 평평하게 한다. 김오른 찜기에 넣고 다시 끓으면 18분 정도 찐다.

Tip

* 용안육 이외에 견과류를 더 넣기도 한다.
* 용안육을 푹 삶아 체에 내려 용안육 고를 만들어 넣기도 한다.

곤떡

몸에 약이 되는 약선음식

찹쌀가루를 끓는물로 반죽하여 지초기름에 지져낸 떡이다. 지초(芝草)는 한 약재의 하나로 식용과 염료에 이용된다. 약용할 경우 건위, 해독, 화상, 동상, 피부병 등을 치료하는 효과가 있다. 지초기름을 이용하여 지지는 떡이므로 떡의 색이 자연스럽고 아름다운 것이 특징이다.

재료 및 분량

찹쌀가루 3컵, 소금 ½작은술
설탕물 : 설탕 1큰술, 물 ½컵
지초기름 : 지초 23g, 식용유 ½컵
시럽 : 설탕 5큰술, 물 5큰술

만드는 방법

1. 냄비에 설탕과 물을 넣고 끓인다.
2. 찹쌀가루에 끓인 설탕물을 넣고 익반죽하여 두께 0.7cm, 직경 5cm 정도로 동글납작하게 빚는다.
3. 지초는 면포로 닦은 후 달구어진 팬에 식용유를 넣고 지초를 넣어 중불에서 1분 정도 끓여 체에 거른다.
4. 팬을 달구어 지초기름을 두르고 반죽을 놓고 약한 불에서 기름을 끼얹으면서 붉은 색이 고르게 나도록 앞 · 뒤로 곱게 지진다.
5. 접시에 담고 떡이 뜨거울 때 시럽을 끼얹는다.

Tip

* 팬에 식용유를 두르고 빚어놓은 반죽을 너무 많이 넣으면 서로 달라붙으므로 간격을 띄워 넣는다.
* 지초기름의 붉은 색이 잘 우러나지 않으면 불을 끄고 30분 정도 두었다가 거른다.

결명자부꾸미

몸에 약이 되는 약선음식

찹쌀가루에 결명자가루를 넣고 익반죽하여 지진 떡이다. 결명자(決明子)는 간장과 신장에 효과가 있는 것으로 알려져 있으며 비타민 A가 풍부하여 눈을 밝게 하고 변비, 위궤양, 신장병, 고혈압 등에도 효과가 있는 것으로 알려져 있다. 결명자와 찹쌀의 효능이 어우러져 위장 장애가 있는 사람에게 좋다.

재료 및 분량

찹쌀가루 $1\frac{1}{2}$컵, 소금 $\frac{1}{3}$작은술, 물 $\frac{1}{4}$컵
결명자가루 1큰술
식용유 2큰술, 잣 1작은술, 꿀 1큰술

만드는 방법

1. 결명자는 깨끗이 씻어 물기를 빼고 볶아서 분쇄기에 곱게 갈아 체에 내린다.
2. 찹쌀가루에 결명자가루와 소금을 넣고 섞어 체에 내린 다음, 끓는 물로 반죽하여 두께 0.5cm, 직경 4cm 정도로 동글납작하게 빚는다.
3. 팬에 식용유를 두르고 빚어 놓은 찹쌀반죽을 넣고 중불로 낮추어 지지다가 한쪽 면이 익으면 뒤집고 윗면이 익으면 반을 접는다.
4. 떡 위에 비늘잣을 붙이고 꿀을 바른다.

Tip

* 떡반죽에 결명자가루를 너무 많이 넣으면 색이 진해지고 맛이 쓰게 된다.
* 부꾸미가 익은 다음에 반으로 접어야 잘 붙는다.

인삼설기떡

몸에 약이 되는 약선음식

멥쌀가루에 인삼분말과 정과(正果)를 넣어 쪄낸 떡이다. 인삼(人蔘)은 원기를 보하고 허탈을 치료하며, 심기(心氣)를 길러 정신을 안정시켜 주는 효과가 있다. 피로방지 효과가 있으며 뇌와 근육 운동을 원활하게 만들어 준다.

재료 및 분량

멥쌀가루 $2\frac{1}{2}$컵, 소금 $\frac{3}{4}$작은술
인삼분말 10g, 꿀 2큰술, 물 3큰술
인삼정과 50g, 밤 1개, 대추 1개, 잣 1작은술

만드는 방법

1. 멥쌀가루에 소금을 넣고 체에 내린다.
2. 인삼정과는 뇌두를 자르고 가로 · 세로 0.5cm 정도로 썰고, 밤은 속껍질을 벗기며, 대추는 젖은 면포로 닦은 후 돌려깎기 하여 채 썰고, 잣은 고깔을 떼고 면포로 닦는다.
3. 미지근한 물에 인삼분말과 꿀을 섞는다.
4. 체에 내린 쌀가루에 인삼물을 넣고 고루 비벼 체에 내린 다음 인삼정과를 넣고 고루 섞는다.
5. 딤섬에 쌀가루와 밤 및 채썬 대추와 잣을 켜켜이 얹고, 김 오른 찜기에 넣은 후 15분 정도 찐다.

Tip

* 인삼분말 대신에 홍삼 진액을 넣기도 한다.
* 인삼정과 대신에 수삼을 잘게 썰어 설탕에 조린 후 사용하기도 한다.

솔잎설기떡

몸에 약이 되는 약선음식

멥쌀가루에 솔잎가루를 섞어 찐 떡이다. 솔잎에는 비타민 A · C · K, 엽록소, 칼슘, 철분 등 다양한 영양 성분이 들어 있으며 〈동의보감(東醫寶鑑)〉에 "풍습창(습기로 인해 뼈마디가 저리고 아픈 질환)을 다스리고 머리털을 나게 하며, 오장육부를 편하게 하고, 곡식대용으로 쓰인다." 라고 되어 있다. 고혈압, 심근경색 등에 효과적이며 비타민 C와 철분이 풍부해 빈혈에도 효능이 있다.

재료 및 분량

멥쌀가루 5컵, 소금 ½큰술, 꿀 2큰술, 솔잎가루 8g, 설탕 2½큰술, 물 5큰술
잣 1작은술

만드는 방법

1. 멥쌀가루에 소금을 넣고 체에 내린다.
2. 체에 내린 쌀가루에 솔잎가루를 넣고 고루 섞는다.
3. 쌀가루에 꿀과 물을 넣어 고루 비빈 후 설탕을 넣고 고루 섞어 체에 내린다.
4. 딤섬에 준비한 쌀가루를 넣어 김 오른 찜통에 넣고 15분 정도 찐 다음 비늘잣으로 장식한다.

Tip

* 솔잎설기떡에 견과류를 넣고 찌기도 한다.
* 솔잎가루는 기호에 따라 가감할 수 있다.

홍화화전

藥

몸에 약이 되는 약선음식

홍화화전은 찹쌀가루에 홍화물로 반죽하여 지져낸 떡이다. 홍화(紅花)는 성질이 따뜻하며 맛은 맵다. 혈액 순환이 잘 되지 않는 이들에게 좋으며 산후의 혈운을 치료한다. 홍화를 떡에 넣으면 빛깔도 곱고 향이 은은하다.

재료 및 분량

찹쌀가루 3컵, 소금 1작은술
홍화 5g, 물 ½컵
식용유 5큰술, 꿀 ½컵

만드는 방법

1. 찹쌀가루에 소금을 넣고 체에 내린다.
2. 냄비에 홍화를 넣고 따뜻한 물을 부어 30분 정도 불려서 색을 낸 후 홍화는 건진다.
3. 찹쌀가루에 홍화물을 섞어 익반죽한 다음, 두께 0.6cm에 직경 4cm 정도로 동글납작하게 빚는다.
4. 팬을 달구어 식용유를 두르고 반죽을 놓고 약한 불에서 기름을 끼얹어 가면서 지진 다음에 홍화를 고명으로 올린다.
5. 접시에 담고 떡이 뜨거울 때 꿀물을 끼얹는다.

Tip

* 익반죽을 한 후 많이 치대야 떡이 곱다.
* 떡이 너무 뜨거울 때 홍화를 올리면 색이 변한다.

생강단자

몸에 약이 되는 약선음식

찹쌀가루에 조린 생강을 넣고 반죽하여 삶아서 코코넛가루를 입혀 삶은 떡이다. 계피는 맛이 달면서도 맵다. 소화기를 따뜻하게 하며 찬 것을 제거해 주어 통증을 멈추게 하므로 몸이 찬 사람 · 월경통 · 기혈이 허약한 사람이 먹으면 좋다. 생강은 따뜻한 기운이 있어 몸이 찬 사람에게 좋다.

재료 및 분량

찹쌀가루 3컵, 소금 1작은술
반죽용물 : 생강 20g, 계피 5g, 물 2컵
생강 30g, 설탕 2큰술
코코넛가루 ½컵

만드는 방법

1. 찹쌀가루에 소금을 넣고 체에 내린다.
2. 생강은 깨끗이 씻어 껍질을 벗긴 다음 0.2cm 두께로 썬다. 냄비에 생강과 계피 및 물을 부은 다음, 중불에서 20분 정도 끓여 1컵 정도가 되게 한다.
3. 생강은 곱게 다져서 물을 넣고 끓여 매운맛을 우려낸 다음 설탕을 넣고 조린다.
4. 찹쌀가루에 조린 생강을 넣고 생강물로 익반죽 한 후 직경 2cm 정도의 경단을 만든다.
5. 냄비에 물을 붓고 센불에서 끓으면 완자를 넣고 나서 떠오르면 30초 정도 더 끓인 후 찬물에 헹구어 물기를 닦고 코코넛 파우더를 묻힌다.

Tip

* 고물은 팥고물이나 빵가루를 사용하기도 한다.
* 기호에 따라 생강을 가감할 수 있다.

황기(黃芪)떡

藥

몸에 약이 되는 약선음식

멥쌀가루에 황기가루를 넣고 쪄낸 설기떡이다. 황기(黃芪)는 한방에서는 가을에 채취하여 뇌두와 잔뿌리를 제거하고 햇빛에 말린 것을 황기라 하며 땀이 많이 날 때 좋은 음식이다. 신체허약, 피로권태, 말초신경 등에 좋다.

재료 및 분량

멥쌀가루 5컵, 소금 ½큰술
황기가루 50g, 물 ⅔컵, 설탕 ½컵
장식 : 대추 1개, 호박씨 5g

만드는 방법

1. 멥쌀가루에 소금을 넣고 체에 내린다.
2. 체에 내린 쌀가루에 황기가루와 물을 넣고 고루 비빈 후 체에 내려 설탕을 넣는다.
3. 딤섬에 준비한 쌀가루를 넣어 김 오른 찜통에 넣고 15분 정도 찐다.

Tip

* 멥쌀가루와 황기가루의 수분의 정도에 따라 물의 양은 조절한다.
* 딤섬에 떡을 찔 때 젖은 면포로 딤섬을 닦아 수분이 촉촉하게 있어야 떡을 찐 후 떡 가장자리에 마른 쌀가루가 남지 않는다.

승검초단자

몸에 약이 되는 약선음식

당귀는 승검초의 뿌리를 한방에서 약재로 이르는 말이며 참당귀의 뿌리를 건조시킨 것을 약재목귀초(目貴草)·당적(當赤)이라고도 하였다. 약성은 온화하고 맛은 달고 쓰며 비타민 E 등이 함유되어 있다.
당귀는 대표적인 보혈제로서 혈액을 만들고 그 순환을 이롭게 하는 식품으로 알려져 있으며 가는 뿌리로는 차를 달여 마시기도 하고 술을 담가 먹기도 한다.

재료 및 분량

찹쌀가루 5컵, 소금 ½큰술, 승검초가루 30g, 끓는물 적당량
소 : 거피팥고물 2컵, 소금 1작은술, 꿀 적당량
고물 : 잣가루 1컵
장식 : 멥쌀가루 적당량, 소금 적당량, 치자물 적당량, 잣

만드는 방법

1. 찹쌀가루에 소금과 승검초가루를 넣고 고루 비벼 체에 내린다.
2. 거피팥고물은 소금과 꿀을 넣고 고루 섞은 다음 직경 2cm 정도의 크기로 빚어서 소를 만들고, 잣은 곱게 다져 고물로 준비한다.
3. 준비한 찹쌀가루에 끓는 물을 넣고 익반죽하여 소를 넣고 둥글게 빚는다.
4. 냄비에 물을 넣고 물이 끓으면 빚은 반죽을 넣고 삶다가 반죽이 떠오르면 30초~1분 정도 두었다가 건져서 찬물에 헹구고 물기를 뺀다.
5. 삶은 떡에 고물을 고루 묻힌 후 꽃 모양의 절편과 잣으로 장식을 한다.

Tip

* 당귀는 부인병에 좋아 보혈과 혈액순환에 약효를 보이며 예로부터 약용과 식용으로 섭취했다.
* 당귀의 어린 싹을 승검초라 부른다.
* 단자는 궁중에서 임금님이 드셨던 떡이다.
* 봄에는 쑥으로 단자를 만들고, 여름에는 승검초 생잎을 찧어서 한다.
* 승검초잎은 말려서 가루를 내어 쓰기도 하고, 쌈으로 먹기도 한다.

서여말이병

藥

몸에 약이 되는 약선음식

마는 예부터 허하고 지친 데 좋은 식품으로 알려져, 쪄서 먹든지 아니면 죽을 쑤어 먹어도 좋으며, 한방에서는 비장을 튼튼하게 하고, 장의 기능을 정상화 시킨다고 하여 양약으로 이용해 왔다. 기억력을 좋게 하는 알칼리성 식품으로 생식해도 소화흡수가 잘 되는 건강식품으로 알려지고 있다.

재료 및 분량

멥쌀가루 1컵, 들깨가루 7g, 소금 ¼작은술, 연유 1큰술,
마 230g, 소금 ⅓작은술, 찹쌀가루 2 큰술, 잣가루 5큰술, 식용유 ½큰술
소스 : 우유 1⅓큰술, 파인애플 40g, 유자청 4g

만드는 방법

1. 멥쌀가루에 들깨가루와 소금을 넣고 고루 비벼 섞어서 체에 내린다.
2. 마는 껍질을 벗기고 깨끗이 씻어서 ⅔량은 길이 10cm 정도로 자른 다음 폭 5cm, 두께 0.2cm 정도로 썰고, 소금을 뿌려 5분 정도 두었다가 물기를 닦는다.
3. 믹서에 우유와 파인애플, 유자청을 넣고 곱게 갈아서 소스를 만든다.
4. 쌀가루에 갈아 놓은 마와 연유를 넣고 반죽하여 24g씩 떼어 길이 4cm, 폭 2cm, 두께 2cm 정도로 타원형으로 빚는다.
5. 찜기에 물을 붓고 센불에 올려 끓으면 젖은 면포를 깔고 빚어 놓은 마떡 반죽을 넣어 10분 정도 찐다.
6. 팬을 달구어 식용유를 두른 다음 마에 찹쌀가루를 고루 묻혀 놓고, 중불에서 앞뒤로 지진 다음 잣가루를 고루 묻힌다.
7. 지진 마에 찐 마떡을 올려 돌돌 말아 소스를 곁들인다.

뽕잎떡케이크

몸에 약이 되는 약선음식

노화 억제에 효능이 있는 폴리페놀 성분, 변비 개선에 도움을 주며 인체에 유익한 루틴성분을 함유하고 있어 중금속을 흡착해 밖으로 배출하는 효능 및 건강 증진에 도움이 된다. 봄철 황사로 쌓인 중금속을 흡착해 밖으로 배출하는 효능이 있다.

맛이 자극적이지 않고 깊고 그윽하며 철분, 칼슘, 아미노산, 섬유질 등의 모든 영양소가 이상적으로 들어가 있어 피로 회복 및 건강관리에 효과적이다.

재료 및 분량

멥쌀가루 3컵, 소금 ¼큰술, 뽕잎가루 3큰술, 설탕 3큰술, 잣 6큰술

만드는 방법

1. 멥쌀가루에 소금과 뽕잎가루, 물을 넣고 고루 비벼 섞어서 체에 내린 다음 설탕을 넣고 고루 섞는다.
2. 잣은 고깔을 떼고 면포로 닦아서 곱게 다져 잣가루를 만든다.
3. 대나무 찜기에 시루밑을 깔고 쌀가루의 ½량을 깔고 고루 펴서 넣고, 잣가루의 ½량을 고루 편 다음 나머지 쌀가루 ½량을 넣고 평평하게 한다. 그 위에 나머지 잣가루를 고루 뿌린다.
4. 찜기에 물을 붓고 센불에 올려 끓으면 대나무 찜기를 넣고 15~20분 정도 찐다.

둥굴레찰떡

몸에 약이 되는 약선음식

둥굴레는 한방에서 황정, 황지, 여위 등으로 불리우기도 하는데 둥굴레의 뿌리줄기 말린 것을 위유라고 한다. 위유는 강장강정, 치한, 해열에 효과가 있을 뿐만 아니라 혈압과 혈당을 낮추는 작용을 하며 기운을 보충하고 몸을 따뜻하게 한다. 또한 장기간 음용하면 노화작용을 억제하는 것으로 알려져 있다.

재료 및 분량

찹쌀가루 2컵, 소금 ½작은술, 둥굴레 15g, 삶는물 1 컵, 물 2큰술, 설탕 3큰술, 잣가루 7큰술

만드는 방법

1. 냄비에 둥굴레와 삶는 물을 붓고 센불에 올려 끓으면 중불로 낮추어 15분 정도 삶다가, 약불로 낮추어 5분 정도 삶아서 믹서에 물과 함께 넣고 곱게 간다.
2. 찹쌀가루에 소금과 갈아 놓은 둥굴레를 넣고 고루 비벼 섞어서 체에 내린 다음 설탕을 넣고 고루 섞는다.
3. 찜기에 물을 붓고 센불에 올려 끓으면 젖은 면포를 깔고 쌀가루를 넣어 15분 정도 찐다.
4. 찐 찰떡은 방망이로 꽈리가 일도록 친다.
5. 찰떡은 두께 2cm 정도로 평평하게 반대기를 지은 다음 가로 3cm, 세로 4cm 정도로 썰고, 잣가루를 고루 묻힌다.

산수유과편

몸에 약이 되는 약선음식

산수유물에 녹말을 넣고 굳힌 과편이다. 동부녹말은 성질이 차고 맛이 달며 독이 없으니 기를 더해주고 열독을 없애준다. <동의보감(東醫寶鑑)>에는 기력을 보태어 주어 피로를 다스리며 술독을 제거한다고 적혀 있다. 녹두는 비타민이나 철 등이 골고루 함유되어 있고 특히 비타민 A와 칼슘이 다른 곡류에 비해 많은 편이다.

재료 및 분량

산수유 100g, 물 5컵
동부녹말 5큰술, 물 ½컵
설탕 ½컵, 소금 ¼작은술

만드는 방법

1. 냄비에 산수유를 넣고 물을 부어 센불에서 5분 정도 끓이다가, 중불로 낮추어 30분 정도 끓인다.
2. 동부녹말에 물을 넣어 물녹말을 만든다.
3. 산수유물에 설탕을 넣고 10분 정도 끓이다가 물녹말을 넣고 다시 저어가며 20분 정도 끓이다가 걸쭉해지면 틀에 부어 굳힌다.
4. 산수유편이 굳으면 가로 3cm · 세로 4cm · 높이 1.5cm 정도로 썬다.

Tip

* 끓이는 도중에 생기는 거품은 걷어내야 깨끗하게 만들어진다.
* 뜸이 잘 들어야 끈기가 있고 윤기가 난다.

작설차타래과

몸에 약이 되는 약선음식

밀가루에 작설차가루를 섞어 타래과 모양을 만들어 튀긴 후 시럽에 집청한 한과이다. <동의보감(東醫寶鑑)>에 "차는 기(氣)를 내리고, 숙식을 소화하며, 머리를 맑게 하고, 소변을 편하게 하며, 소갈(입이 마름)을 그치게 하고, 잠을 적게 하며, 독을 푼다."라고 기록되어 있다. 차에 들어 있는 카페인(caffeine)과 카테킨(catechin) 성분은 강심작용, 각성작용, 피로회복, 이뇨작용, 노화방지, 항암효과, 고지혈증예방, 지방분해 연소로 다이어트 효과도 있다.

재료 및 분량

밀가루 2컵, 작설차가루 20g, 소금 1작은술, 잣가루 20g, 생강즙 2큰술, 계피가루 ½작은술
시럽 : 설탕 2컵, 물 2컵

만드는 방법

1. 밀가루와 작설차가루에 소금을 넣고 고루 섞어서 체에 내린 다음, 밀가루에 생강즙을 넣고 반죽한 후 비닐에 싸서 30분 정도 둔다.
2. 반죽을 밀대로 0.2cm 두께로 밀어서 0.2cm 폭으로 채썬 다음 타래과 모양을 만든다.
3. 팬에 식용유를 붓고 130℃ 정도가 되면 타래과를 넣고 2분 정도 튀기다가 떠오르면 150℃로 올려 2분 정도 더 튀긴다.
4. 냄비에 설탕과 물을 동량으로 넣고 중불에서 10분 정도 끓이다가 약불로 낮추어 30분 정도 조린 다음 계피가루를 넣고 시럽을 만들어 식힌다.
5. 작설차타래과를 시럽에 버무리고 위에 잣가루를 뿌린다.

Tip

* 기호에 따라 작설차가루 양을 가감할 수 있다.
* 타래과의 기름이 완전히 빠지고 식은 후 시럽에 집청한다.

용안육편

몸에 약이 되는 약선음식

용안육과 과편을 끓인 물에 견과류와 물녹말을 넣고 끓여 굳힌 편이다. 감초(甘草)는 평하고 맛이 달며 폐를 윤택하게 하고 가래를 몰아내며 약성을 조화롭게 하면서 통증을 멎게 한다. 비장과 위장의 허약증세, 기혈부족, 종기나 부스럼 등에 효과가 있으며 기침이 나고 숨이 가쁜 경우에도 사용되며, 특히 감초는 약의 성질을 조화롭게 하여 처방약재로 사용된다.

재료 및 분량

용안육 20g, 데치는 물 1컵
잣 2큰술, 호두 6개, 대추 3개, 은행 6알, 감초 3조각, 물 3컵, 설탕 4큰술
동부녹말 3큰술, 물 1컵

만드는 방법

1. 용안육을 깨끗이 씻어 잘게 썰고 끓는 물에 넣고 30초 정도 데친다.
2. 잣은 고깔을 떼고 호두는 끓는 물에 데친 후 껍질을 벗기고 2등분한다.
3. 대추는 젖은 면포로 닦고 돌려깎은 후 씨를 빼고 4등분한다. 은행은 달구어진 팬에 식용유를 두르고 볶아 껍질을 벗긴다.
4. 냄비에 데친 용안육과 감초 및 3컵의 물을 넣고 센불에서 30분 정도 끓인 다음 감초는 건져내고 설탕을 넣어 끓인다.
5. 냄비에 풀어 놓은 물녹말을 넣고 저으면서 뚝뚝 떨어지는 농도가 될 때까지 끓인다.
6. 끓인 용안육에 각종 견과류를 넣고 모양틀에 부어 식혀 굳힌다.
7. 용안육편이 굳으면 가로 3cm · 세로 4cm · 높이 1.5cm 정도로 썬다.

Tip

* 끓이는 도중에 생기는 거품은 걷어 내야 깨끗하게 만들어진다.
* 용안육 대신에 녹용을 넣고 만들기도 한다.
* 녹말을 넣고 농도가 찰기가 생길 때까지 충분히 저으며 끓인다.

산약매작과

몸에 약이 되는 약선음식

밀가루에 산약가루 · 소금 · 생강즙을 넣고 반죽하여 튀겨 집청을 한 유밀과로 비장과 위장의 기능을 강화시켜 탈이 난 속을 달래주며 스트레스 완화작용에 도움을 준다. 치자(梔子)는 담즙 분비를 촉진하며 진정작용이 있어 열성(熱性) 질환으로 인한 뇌출혈, 신경흥분으로 인한 가슴 떨림, 불안, 초조, 불면증을 치료하며 가슴의 답답함을 시원하게 풀어주어 신경이 예민하고 날카로운 사람에게 좋다.

재료 및 분량

흰색반죽 : 밀가루 60g, 산약가루 15g, 소금 0.5g, 생강즙 30g
분홍색반죽 : 밀가루 25g, 산약가루 6g, 소금 0.2g, 딸기가루 1g, 생강즙 15g
노랑색반죽 : 밀가루 25g, 산약가루 6g, 소금 0.2g, 치자물 2g(치자 2g, 물 30g), 생강즙 10g
녹색반죽 : 밀가루 25g, 산약가루 6g, 소금 0.2g, 녹차가루 1g, 생강즙 15g
시럽 : 설탕 ½컵, 물 ½컵
식용유 5컵, 잣가루 1큰술

만드는 방법

1. 각각의 밀가루에 소금을 넣고 고운체로 내린다.
2. 흰색의 밀가루에 생강즙을 넣어 반죽하고, 밀가루에 각각 딸기가루 · 치자물 · 녹차가루를 넣고 고루 섞은 후 생강즙을 넣고 반죽한 다음, 면포에 싸서 20분 정도 둔다.
3. 흰색반죽은 밀대로 두께 0.2cm 정도로 밀어 3등분하고 다른 색의 반죽도 각각 두께 0.2cm 정도로 민다. 흰색 반죽에 각각 반죽을 붙인 다음에 두께 0.2cm 정도로 다시 한 번 민다.
4. 밀어 놓은 반죽은 가로 2cm · 세루 4cm 크기로 자르고 가운네 내천(川) 자 모양으로 칼집을 넣고 가운데 칼집 사이로 한쪽 끝을 집어넣고 뒤집는다.
5. 냄비에 설탕과 물을 넣고 약불에서 15분 정도 끓여 시럽을 만들고 차게 식힌다.
6. 팬에 식용유를 붓고 중불에서 130℃ 정도가 되면 만들어 둔 매작과 반죽을 넣고 2분 정도 두었다가 떠오르면 150℃에서 2분 정도 더 튀긴 후 체에 건져서 기름을 뺀다.
7. 튀긴 매작과를 시럽에 집청한 후 건져서 그릇에 담고 잣가루를 뿌린다.

Tip

* 반죽을 얇게 밀어야 좋다.
* 설탕 시럽을 끓이는 도중 저으면 설탕으로 되돌아가므로 조심한다.
* 너무 오래 튀기면 색이 변한다.

구기자약과

藥

몸에 약이 되는 약선음식

밀가루에 구기자가루와 꿀을 넣어 반죽한 것을 기름에 튀겨 집청한 유밀과이다. 구기자(枸杞子)는 신장 기능을 좋게 하고 폐와 호흡기 기능을 원활히 해주며, 흰머리를 검게 하고 눈을 맑게 하며 장수하는 데 도움을 주는 식품으로 알려져 있다. 몸이 마르고 성질이 급하면서 쉽게 피로한 사람에게 도움이 되며, 맛과 향이 독특해 차와 음식 재료로 많이 사용한다.

재료 및 분량

밀가루 220g, 구기자가루 3큰술, 참기름 2큰술
꿀 3큰술, 청주 2큰술, 소금 ¼작은술, 생강즙 ½큰술, 흰후춧가루 0.1g, 계피가루 ¼작은술
튀김기름 : 식용유 4컵
집청 : 꿀 1컵, 계피가루 ¼작은술

만드는 방법

1. 밀가루와 구기자가루에 참기름을 넣고 고루 섞어 체에 내린다.
2. 밀가루에 꿀과 청주, 소금, 생강즙, 흰후춧가루, 계피가루를 넣고 섞어서 접듯이 반죽한다.
3. 밀가루 반죽을 밀대로 0.5cm 두께로 밀어서 가로 · 세로 3.5cm 정도로 잘라 젓가락으로 5~6군데 구멍을 낸다.
4. 팬에 식용유를 붓고 중불에 올린 후 기름 온도가 90℃ 정도가 되면 약과 반죽을 넣고 15분 정도 튀겨 반죽이 모두 위로 떠오르면 기름 온도를 150~160℃ 정도가 되게 센불로 올려서 연한 갈색이 되도록 5분 정도 더 튀긴다.
5. 튀긴 약과는 기름을 빼고 집청에 담근다.

Tip

* 반죽할 때 너무 치대지 말고 가볍게 반죽하여야 끈기가 생기지 않고 잘 부푼다.
* 시럽을 만들 때 구기자를 넣고 끓이기도 한다.

가시오가피과편

藥 몸에 약이 되는 약선음식

가시오가피를 발효시켜 만든 액에 녹말을 넣고 끓여 굳힌 과편이다. 가시오가피는 간과 신장의 기운을 보하여 힘줄과 뼈를 튼튼하게 하므로 사지마비, 허리와 무릎의 연약증상, 골절상, 타박상, 부종 등에 쓰인다. 또한 항산화, 항피로, 항방사능, 해독작용 등이 있는 것으로 알려져 있다

재료 및 분량

가시오가피 발효액 ½컵, 물 2컵, 설탕 ½컵
동부녹말 ½컵, 물 ½컵

만드는 방법

1. 냄비에 물을 부은 다음, 가시오가피 발효액을 넣고 중불에서 30분 정도 끓인다.
2. 동부녹말에 물을 넣어 물녹말을 만든다.
3. 가시오가피물에 설탕을 넣고 10분 정도 끓이다가 물녹말을 넣고 다시 저어 가며 약불에서 15분 정도 끓이다가 걸쭉해지면 틀에 부어 굳힌다.

Tip

* 가시오가피 발효액은 가시오가피와 설탕을 1:1로 섞어 100일 동안 발효시켜 원액을 만든 것이다.
* 기호에 따라 설탕의 양을 가감할 수 있다.

맥문동정과

몸에 약이 되는 약선음식

성질은 약간 차며 맛은 달고 독이 없다. 허로에 열이 나고 입이 마르며 갈증이 나는 것과 폐위로 피고름을 뱉는 것, 열독으로 몸이 검고 눈이 누런 것을 치료하며 심을 보하고 폐를 맑게 하며 정신을 진정시키고 맥기(脈氣)를 안정시킨다. 뿌리는 한방에서 약재로 사용하는데 소염 · 강장 · 진해 · 거담제 및 강심제로 이용을 한다.

재료 및 분량

맥문동 150g, 데치는 물 2컵, 소금 ½작은술, 물 200g, 설탕 4큰술,
물엿 1큰술, 꿀 1큰술

만드는 방법

1. 맥문동은 좋은 열매를 골라 물에 불린다.
2. 맥문동을 끓는 물에 소금을 넣고 10분 정도 데친다.
3. 냄비에 물과 설탕, 맥문동을 넣고 센불에서 10분 정도 끓인 다음 약한불로 낮추어 3시간 정도 끓인다.
4. 다시 2시간 정도 중탕을 한 다음 물엿과 꿀을 넣고 한소끔 더 끓인다.
5. 졸여진 맥문동을 그릇에 예쁘게 담아낸다.

Tip

* 맥문동은 물에 푹 담가 불려야 색깔이 맑고 투명하다.
* 약한불에서 은근히 끓여야 윤기가 나고 맛이 있다.
* 맥문동은 여름에는 파릇하게 싹을 틔우고 초가을에는 보라색 꽃을 피우며 늦가을이 되면 다 자라 호미나 곡괭이를 가지고 하얀 뿌리 열매까지 캐야 약으로 쓸 수 있다.

총명탕

몸에 약이 되는 약선음식

건강회복과 두뇌 활성에 도움이 되며 동의 보감에서는 잘 기억하지 못하는 다망을 치료한다고 나와 있을 정도로 기억력 향상과 학습능력 증진, 뇌세포 손상 회복, 치매 등에 총명탕 효능이 있다고 하였다. 또한 심신을 편하게 하며 소화기능을 튼튼하게 하는 효능도 있다.

재료 및 분량

원지 10g, 석창포 10g, 감초 3g, 백복신 25g, 물 4컵, 설탕 1큰술, 꿀 2큰술

만드는 방법

1. 원지와 석창포 · 감초는 깨끗이 씻어 물에 10시간 정도 담가 놓았다가 체에 거른다.
2. 원지 · 석창포 · 감초우린물을 센불에 5분 정도 올려 끓으면, 중불로 낮추어 5분 정도 끓인 다음, 백복신을 넣고 약불로 낮추어 10분 정도 더 끓인 다음 면포에 거른다.
3. 설탕과 꿀을 넣는다.

Tip

* 원지와 석창포 · 감초 우린 물에 백복신을 넣고 끓여 만든 음청류이다.
* 총명탕의 백복신은 정신을 안정시켜 주고, 원지와 석창포는 마음을 편안하게 해주고 머리를 맑게 해주기 때문에 불안해하는 수험생이나 걱정이 많은 사람에게 좋다.

생맥음(生脈飮)차

몸에 약이 되는 약선음식

맥문동, 오미자, 인삼을 넣고 끓여 만든 음료이다. 여름철 갈증해소에 도움을 준다. 맥문동(麥門冬)은 폐를 튼튼하게 하고 원기를 돋우며 겨울철 체력을 증진시켜 주고 기침과 천식을 예방하는 데 뛰어난 효과가 있다. 생맥음차는 여름철 더위에 땀을 많이 흘리고 해수(기침) 해결에 도움을 주어 하루 2~3회 복용하면 좋다.

재료 및 분량

맥문동 20g, 오미자 10g
인삼 50g, 물 5컵, 꿀 약간

만드는 방법

1. 맥문동과 오미자는 깨끗이 씻고 물기를 뺀다.
2. 인삼은 다듬어 깨끗이 씻어 뇌두를 자르고 물기를 뺀다.
3. 냄비에 준비한 재료와 물을 넣고 중불에서 5분 정도 끓인다.
4. 끓으면 약불로 줄이고 30분 정도 더 끓인 다음 체에 거른다.
5. 꿀을 넣어 마신다.

Tip

* 오미자는 미리 우려내어 체에 거른 후 사용해도 좋다.
* 꿀을 넣지 않고 음료수처럼 마실 수도 있다.

산수유(山茱萸)청

몸에 약이 되는 약선음식

산수유에 물과 꿀, 설탕을 넣고 졸여서 고(膏)처럼 만들어 저장해 두고 먹는 것이다. 산수유(山茱萸)는 간(肝)과 신(腎)을 보하고 몸을 단단하게 하며 특히 신(腎)의 기능을 강화하여 정력 증강에 좋다. 특히 허약한 콩팥의 생리 기능 강화와 정력 증강에 좋으며 요실금과 야뇨증에 효과를 보인다. 더위에 지쳐 몸이 쇠약해지기 쉬운 여름철에 좋고 매일 2~3회씩 1큰술 정도 넣어 차로 마시면 좋다.

재료 및 분량

산수유 300g, 물 12½컵
꿀 300g, 설탕 1컵

만드는 방법

1. 산수유를 깨끗이 씻어 찬물에 20분 정도 담가 놓는다.
2. 냄비에 산수유를 넣고 물을 부은 다음 센불에서 10분 정도 끓이다가 중불로 낮추어 15분 정도 끓인다. 믹서기에 삶아낸 산수유와 물 2컵을 넣고 갈아서 체에 내린다.
3. 냄비에 간 산수유와 물을 부어 센불에서 10분 정도 끓이다가, 중불로 낮추어 15분 정도 끓인 다음, 꿀과 설탕을 넣고 10분 정도 더 끓이고 약불로 낮추어 나무주걱으로 저어 가며 30분 정도 조려 고(膏)처럼 되면 식혀 단지에 담아 저장한다.
4. 물에 한 숟가락씩 타서 마신다.

Tip

* 기호도에 따라 찬물이나 따뜻한 물에 타서 마신다.
* 산수유청은 냉장고에 보관해 두고 먹는다.
* 산수유 고(膏)를 만들 때는 뚜껑을 덮지 않고 졸인다.

국화결명자차

몸에 약이 되는 약선음식

국화와 결명자를 끓여 만든 차로 물 대신에 수시로 마시면 좋다. 결명자(決明子)는 신을 보하고 간열을 내리며 거풍과 열 내림 효과가 있다고 하여 바람으로 인해 머리가 아픈 데, 눈병을 치료하는 데 쓴다. 또한 약한 설사약이나 강장약으로 약간 덖어서 차처럼 달여 마시는 것이 좋고, 장을 윤활하게 하여 변이 잘 나오게 하며 혈압을 낮추는 데 좋다.

재료 및 분량

국화 3g
볶은 결명자 3g, 물 4컵

만드는 방법

1. 반쯤 핀 국화를 채취하여 가볍게 씻어 물기를 뺀다.
2. 채반에 널어 2일 정도 자연 건조시킨 다음, 따뜻한 방에 한지를 깔고 완전히 말린다.
3. 냄비에 결명자를 넣고 물을 부은 다음 센불에서 끓으면 중불로 낮추어 10분 정도 더 끓인 후 국화를 넣어 불을 끄고 3분 정도 두었다가 체에 거른다.
4. 찻잔에 담아 낸다.

Tip

* 국화를 너무 오래 우려내면 색이 탁하다.
* 소국(小菊)을 이용한다.
* 결명자는 깨끗이 씻어 일고 볶아서 사용한다.

당귀숙지황차

몸에 약이 되는 약선음식

당귀와 숙지황을 물과 함께 끓여 마시는 차로 여성의 빈혈에 좋으며 묽게 끓여 하루에 3회 정도 마시면 좋다. 뿌리를 약재로 쓰는데 날것을 생지황, 말린 것을 건지황, 술에 담가서 찐것을 숙지황이라 한다. 맛은 달면서도 쓴맛이 돌고 따뜻한 성질이 있어 혈(血)을 보하고 정(精)을 보충해서 허리 아픈 증상, 월경이상, 어지럼증 등을 치료한다.

재료 및 분량

당귀 20g, 숙지황 10g
물 7컵, 꿀 약간

만드는 방법

1. 냄비에 당귀와 숙지황은 깨끗이 씻어 물과 함께 넣고 센불에서 7분 정도 끓이다가 중불로 낮추어 5분 정도 끓인다. 약불로 낮추어 은근하게 30분 정도 끓인다.
2. 맛과 향이 우러나면 당귀와 숙지황은 체에 걸러내고 찻물은 식힌다.
3. 당귀숙지황차를 마실 때 꿀을 조금씩 넣고 마신다.

Tip

* 꿀의 양은 기호에 따라 가감한다.

배갈근차

몸에 약이 되는 약선음식

갈근(葛根)과 배를 끓여 마시는 차로 감기 초기에 오한이 나고 머리가 아플 때 마시면 좋다. 배는 성질이 냉하고 달며, 열을 내리고 폐를 윤택하게 한다. 기침을 멎게 하고 가래를 삭히며 진액을 생성하여 갈증을 멎게 해준다. 갈근(葛根)은 칡뿌리를 한방에서 이르는 말로, 열을 내리고 땀을 내거나 갈증(渴症)·두통·요통·항강(項强) 등에 쓰인다.

재료 및 분량

칡뿌리(갈근) 100g, 배 ½개
물 8컵, 꿀 1큰술

만드는 방법

1. 칡뿌리는 흙을 털어내고 깨끗하게 씻어 1~2cm 정도의 두께로 자른다.
2. 냄비에 칡뿌리와 배를 넣고 물을 부어 센불에서 6분 정도 끓이고, 중불로 낮추어 1시간 정도 끓인다.
3. 맛과 향이 우러나면 칡뿌리와 배는 체에 걸러내고 찻물은 식힌다.
4. 배갈근차를 마실 때 꿀을 조금씩 넣고 마신다.

Tip

* 칡뿌리가 없을 경우 건조된 갈근을 이용하기도 한다.
* 배는 껍질을 벗기고 채 썰거나 꽃모양으로 찍어서 차 위에 띄우기도 한다.

귤무꿀절임차

몸에 약이 되는 약선음식

무채와 귤채를 황설탕과 꿀에 버무려 보관했다가 따뜻하게 마시는 차로 감기 예방에 좋으며 따뜻한 물에 타서 마신다. 무는 〈본초강목(本草綱目)〉에 의하면 소화를 촉진시키고 독을 풀어주며, 오장을 이롭게 하고, 몸을 가볍게 하면서 살결을 곱게 한다고 기록되어 있다. 무에는 당류와 아미노산 · 무기질 · 아밀라아제(amylase) 등이 들어 있고 비타민 C는 사과의 7배 정도나 많이 들어 있다.

재료 및 분량

무 300g, 귤 3개
꿀 1컵, 황설탕 1컵, 잣 12개, 대추채(대추 1개)

만드는 방법

1. 무는 깨끗이 씻어 껍질째 결대로 곱게 채 썬다.
2. 귤은 깨끗이 씻어 과육은 분리하고 껍질 속의 흰과육을 저며 낸 후 겉껍질은 곱게 채 썬다.
3. 무채와 귤채를 골고루 섞고 황설탕과 꿀을 넣고 버무려서 소독한 병에 넣고 냉장 보관한다.
4. 사흘 정도 지나면 따뜻한 물에 귤무꿀절임 2큰술과 잣 및 대추채를 넣고 마신다.

Tip

* 병을 깨끗이 소독하지 않으면 곰팡이가 생기기 쉽다.
* 기호에 따라 진하게도 마실 수 있다.

순채화채

몸에 약이 되는 약선음식

순채를 냉수에 씻어 설탕이나 꿀을 탄 오미자즙에 잣과 같이 띄운 음료이다. 순채(蓴菜)는 수련과에 속하는 여러해살이 물풀로 오염이 안 된 맑고 깨끗한 수질과 토양에서만 생장이 가능한 채소다. 잎과 줄기에 점액질 성분이 많아 매끄러우며, 성질은 차고 맛은 달며 독성이 없다. 장과 위를 보한다. 위궤양, 당뇨와 소갈증, 피부소양에 치료효과가 있다.

재료 및 분량

순채 20g, 청포녹말 3큰술
오미자 국물 2컵(오미자 20g, 물 2컵, 설탕 3큰술, 꿀 2큰술)
잣 1작은술

만드는 방법

1. 순채는 깨끗이 씻은 뒤 물기를 빼놓는다.
2. 물에 오미자를 넣고 12시간 정도 담갔다가 면포에 걸러 오미자물을 만든 다음에 설탕을 넣는다.
3. 준비한 순채잎에 청포녹말가루를 묻혀 끓는 물에 살짝 데쳤다가 찬물에 냉각시켜 체에 밭친다.
4. 준비한 순채잎을 그릇에 담은 후 오미자 국물을 붓고 잣을 띄운다.

Tip

* 순채잎을 청포녹말을 묻혀 살짝 데친 후 찬물에 식혀야 색과 질감이 좋다.
* 오미자 국물 대신으로 꿀물을 이용하기도 한다.

진피차

몸에 약이 되는 약선음식

진피차는 진피와 배, 대추, 물을 넣고 끓여 마시는 차이다. 진피(陳皮)는 귤의 껍질을 말하며 감기예방과 치료에 좋으며 콜레스테롤의 축적을 억제하는 비타민 E가 들어있어 차로 마시기도 한다.

재료 및 분량

진피 25g, 배 100g, 대추 4개
물 4컵, 꿀 약간

만드는 방법

1. 대추는 젖은 면포로 닦고, 배는 껍질을 벗겨 씨를 떼어 낸다.
2. 냄비에 진피와 배 및 대추를 넣고 물을 부은 다음, 센불에서 6분 정도 끓으면 중불로 낮추어 20분 정도 끓여서 2컵 정도 되게 한다.
3. 기호에 따라 꿀을 타서 마신다.

Tip

* 기호에 따라 진피를 걸러내고 물만 마시기도 한다.

생맥산차

몸에 약이 되는 약선음식

맥문동, 인삼, 오미자를 달여 마시는 한방음료로 동의보감에는 사람의 기(氣)를 도우며 심장의 열을 내리고 폐를 깨끗하게 한다. 또한, 원기를 내는 묘약으로 땀을 많이 흘리는 여름철에 물 대신 마시면 좋다고 하였다.

재료 및 분량

오미자 10g 끓여 식힌 물 1컵, 인삼 30g, 맥문동 20g,
물 3½컵, 꿀 2큰술

만드는 방법

1. 오미자는 티를 고르고 씻어 체에 밭쳐 물기를 뺀 후, 끓여 식힌 물을 붓고 12시간 정도 둔다.
2. 냄비에 인삼과 맥문동 · 물을 붓고 센불에 4분 정도 올려 끓으면, 중불로 낮추어 10분 정도 끓인 후 약불로 낮추어 30분 정도 끓여 면포에 기른다.
3. 오미자 물이 우러나면, 면포에 걸러 오미자국물을 만든다.
4. 냄비에 인삼과 맥문동을 끓인 물과 오미자국물을 붓고 꿀을 넣어 중불에서 1분 정도 끓인다.
5. 차게 식혀 그릇에 담는다.

Tip

* 오미자를 같이 넣고 오래 끓이면 떫은맛이 난다.

제호탕

몸에 약이 되는 약선음식

여름철 갈증을 풀어주고 위를 튼튼하게 하며, 장의 기능을 조절하여 설사를 그치게 하는 등의 효과가 좋은 전통 건강음료로, 조선시대에는 더위를 이기는 가장 으뜸의 음료였다. 동의보감에서는 오매육, 백단향, 사인, 초과 등을 물을 붓고 졸인 것으로 꿀을 넣고 다시 달여서 찬물에 타서 마셨는데 단오일 내의원에서 만들어 진상하였으며 단오날 제호탕을 음용하면 여름을 잘 날 수 있다고 하였다.

재료 및 분량

오매육가루 15g, 초과가루 1g, 백단향가루 0.5g, 축사인 가루 0.5g, 꿀 50g,
꿀물 : 끓여 식힌 물 12컵, 꿀 1½컵, 잣 1큰술, 중탕하는 물 5컵

만드는 방법

1. 오매육 가루와 초과 · 백단향 · 축사인 가루는 함께 섞어 체에 내리고, 여기에 꿀을 넣고 고루 섞은 후 중탕용 그릇에 담는다.
2. 냄비에 중탕하는 물을 붓고 센불에 5분 정도 올려 끓으면, 중탕용 그릇을 넣고 약불로 낮추어 중탕용 물을 보충하면서 3시간 정도 중탕하여 제호탕고를 만든다.
3. 꿀물에 제호탕고를 넣고 고루 섞는다.
4. 찻잔에 제호탕을 담고, 고깔을 뗀 잣을 띄운다.

Tip

* 한약재가루에 꿀을 넣고 중탕하여 만든 음료이다.
* 제호탕은 임금님께서 단오(端午)부터 추석까지 마시면 더위를 먹지 않고 갈증이 가신다 하여 옛날 궁중 내의원에서 만들어 임금께 진상하였다.
* 중탕할 때 물이 들어가지 않도록 주의한다.
* 기호에 따라 따뜻한 물에 타서 마시기도 한다.

전순실, 신동원, 「약선음식」, 문운당, 2008
강명수, 임미경 외, 「건강에 좋은 약선음식」, 학문사, 2006
신재용, 「신재용의 음식궁합 2–곡물, 과일, 양념편」, 주부생활, 2008
조금호, 조여원, 「약이 되는 우리음식」, 교문사, 2003
옥도훈 외, 「약이 되는 음식」, 삼성출판사, 2005
정구점, 차은정, 「약선조리학」, 효일, 2005
정구점, 차은정,「약선재료학」, 효일, 2007
유태종, 「음식궁합1」, 아카데미북, 1998
유태종, 「음식궁합2」, 아카데미북, 2001
김영철, 배영숙, 「건강을 지키는 약선요리 55」, 한솜미디어, 2006
김달래,「질병따라 먹는 음식보약」, 중앙생활사, 2001
김수범, 「먹으면 약이 되는 한방체질약선 600가지」, 한방미디어, 1999
조성태, 「음식동의보감」, 경향신문사, 2004
김진돈, 「한방체질약차 110% 활용법」, 한방미디어, 2001
김호철, 「한방식이요법학」, 경희대학교출판국, 2003
이영은, 홍승헌, 「한방식품재료학」, 교문사, 2003
배태자, 「보약으로 먹는 영양죽」, 예신, 2004
구본홍 감수, 「사전식 동의보감」, 한국사전연구사, 2006
윤숙자, 「증보산림경제」, 지구문화사, 2012
윤숙자, 「왕실의 식이요법」, 지구문화사, 2013

가

나

다

마

바

사

아

자

차

타

파

하